全链路营销

高效全营销渠道管理

周华军　著

U0319594

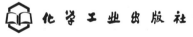

化学工业出版社

·北京·

内 容 简 介

本书详细介绍了全链路营销的背景、链路营销的理论模型、头部互联网公司链路营销模型、链路营销的三项原则、链路营销的四大连接等基础内容；从渠道结构管理、渠道成员管理、渠道控制管理、渠道产品管理四个方面，揭示了全链路营销的实操技法；通过对知名公司营销实战的分析，解读了全链路营销模式及策略。

本书可为从事营销、广告、运营工作的人员，新媒体从业者，企业商家提供有益参考。

图书在版编目（CIP）数据

全链路营销：高效全营销渠道管理 / 周华军著. —
北京：化学工业出版社，2022.9
ISBN 978-7-122-41515-8

Ⅰ. ①全… Ⅱ. ①周… Ⅲ. ①购销渠道 – 销售管理
Ⅳ. ①F713.1

中国版本图书馆 CIP 数据核字（2022）第 091776 号

责任编辑：贾　娜　　　　　　　　　　　　　装帧设计：水长流文化
责任校对：李雨晴

出版发行：化学工业出版社（北京市东城区青年湖南街 13 号　邮政编码 100011）
印　　装：大厂聚鑫印刷有限责任公司
710mm×1000mm　1/16　印张 14　字数 158 千字　2022 年 9 月北京第 1 版第 1 次印刷

购书咨询：010-64518888　　　　　　　　　　售后服务：010-64518899
网　　址：http://www.cip.com.cn
凡购买本书，如有缺损质量问题，本社销售中心负责调换。

定　　价：56.00 元

全链路营销：数据时代下的营销红利

提及营销，很多企业都会用投广告、搞活动、做促销三种方法。在过去物质比较匮乏的年代，这些确实是好方法。但现在产品异常丰富，供大于求，消费者可选择的空间非常大，而且在移动互联网时代，消费者每天都能接收到不计其数的广告，早已对各种营销信息麻木了，很难对某个产品提起兴趣，更不用说记住某个品牌了。

在这种情况下，如果企业依然用过去营销的"三板斧"，注定不会有好的效果。那么，企业该如何做营销呢？首先要明白什么是营销，营销不是把东西卖出去这么简单，它是找到消费者需求，然后针对消费者需求开发产品，最后再通过产品解决消费者需求的过程。这整个链路过程才是营销。由此可见，营销是一个完整的体系，包括品牌定位、产品生产、用户运营、渠道运营、库存管理、售后服务等。

在移动互联网时代，数字化营销越来越受到重视，然而，2020年发布的《中国B2B营销数字化展望洞察报告》显示，我国企业的营销数字化水平还比较落后，导致企业的数字化营销难以取得良好效果。目前企业数字化营销最突出的问题是只将其用在广告这个单一的方面，而其他的链路根本触及不到。比如，企业新研发了一款产品，将产品推入市场后，用户对产品的满意程度如何，对产品有哪些意见和建议，企业很难通过数字化了解到用户的这些声音，并将其反馈到产品研发部门，也就是说企业与用户之间的信息无法做到畅通。而如果无法做到全链路的数字化，企业花重金投放的广告就很难取得满意的效果。

数字化营销最大的价值在于让企业与用户之间建立起亲密的连接，在全链路营销模式下，企业可以清楚地知道自己的用户是谁，他们的喜好是什么，他们是通过怎样的渠道买到产品的，他们购买产品的原因是什么，是观看哪些广告才产生购买冲动的等一系列与用户有关的信息。

在过去，企业将一款产品卖给一群人，现在的市场已经发生了变化，随着产品的极大丰富，企业要做的是找到与自己的产品相匹配的潜在用户，然后将产品信息推送给他，导引他成为企业的用户。

因此，在当今这个时代，企业急需改变传统营销思维，拥抱全链路营销，因为全链路营销才是数据时代真正的营销红利！

本书以链路营销为核心，全方位地解读了有关链路营销的知识，如果你从事的是营销、广告、运营等相关工作，建议你读一读本书，相信它会让你对链路营销有一个全面而深刻的认识。

目 录

第十章　全链路营销实战案例

第一章
营销"链路时代"来临

从"整合营销"到"全链路营销"

在今天，"整合营销"依然不是一个老旧的概念。1991年，美国西北大学教授唐·舒尔茨首次提出了"整合营销"的概念。所谓"整合营销"，就是把企业的包括户外广告、电视广告、公共关系、SEM（Search Engine Marketing，搜索引擎营销）、内容营销、终端促销等所有的营销活动看成一个整体，通过不同的传播方式共同打造一个统一的品牌形象。简单来说，就是通过不同的传播渠道，传达同一个声音。

彼时，互联网还是一个新生的幼苗，它对整个营销行业的影响，还没能像今天这样翻天覆地。电视、广播、报纸、期刊等传统媒体还牢牢占据着信息传播的王者位置，大众获取信息的渠道相对单一，在这样的社会大环境背景下，"整合营销"的出现可以说是恰逢其时，由此成就了一大批知名企业。

"今年过年不收礼啊，收礼只收脑白金""恒源祥，羊羊羊"……用今天的眼光来看，这样的广告词并没有多少出彩之处，但在信息传播渠道相对单一的20世纪90年代，脑白金、恒源祥等却通过电视广告，迅速成为全国人民耳熟能详的品牌。

"整合营销"的衰落并不是突然发生的，而是经历了一个缓慢的过程最终成为一种尴尬的存在。随着互联网技术的飞速发展，传统媒体的权力被解构了，世界的媒介格局变得越来越碎片化。

知名作家蒋方舟曾在《精英决定去死》一文中，深刻阐述了互联网变革给信息传递方式所带来的媒体权力解构。她在文中说，在这场变革之中，传统的"精英"阶层一定会走向没落。

蒋方舟直言不讳地写道："在新的世界中，每个人手上的智能手机都是信息发布的平台，记者作为'事实精英'，失去了距离真相最近的优势；消费世界中，文化只是消费品仓库中黯淡而落灰的角落，学者作为'评价精英'，丧失了评价好卖相好品味的文化产品的优势；更勿论知识分子，作为'观点精英'，声嘶力竭也难让自己的意见在如潮水的声音中跳出。"

事实上，互联网所带来的改变还不仅限于此。在互联网诞生之前，社会主流话语权主要掌握在媒体手中，如电视、报纸、期刊、广播等。拥有"媒体权力"的组织，都是信息传播界的"大佬"，由于信息受众广泛，几秒钟的广告就可以拍出天价，而且是各大商家争前恐后抢着来送钱。但随着互联网的发展和自媒体的兴起，打破了传统媒体的垄断式"传播权"，媒体权力被技术发展成功解构。如今，每个人都是一个媒体，哪怕只是一名普通的家庭主妇，也可以在相关平台上创办一个关于生活小妙招、美食或手工的栏目，积累上百万粉丝，从而成为某个商家的代言人、销售者，通过获得商业广告的投放而增加收入。

对于企业来说，能够把媒介都整合到一起以覆盖更多用户的逻辑很好，然而，面对满屏幕的APP、数不清的主播、多种多样的平台，又有哪个企业拥有如此强大的资金能力可以把所有的媒介一次性整合起来呢？尤其是对于规模和实力都不够出众的中小企业来说，整合营销模式已经成为其在营销实践中难以承受的重担。

脱离社会的传播环境来谈营销是不切实际的。过去的传播环境，让整合营销红极一时，今天的传播环境，则让整合营销走进了时代的死胡同。在"万物皆媒"的今天，企业的营销必须要做好自身的迭代和进化，"全链路营销"就是依托互联网高度发达的传播环境而出现的新型营销模式。

在2021年的金鼠标国际数字营销节上，迪思传媒创始人、董事长黄小川在其主题演讲《全链路营销下的内容嬗变》中旗帜鲜明地指出："现在的营销要做全链路精细化运营，嵌套短链路直效转化。"

随着互联网、移动互联网流量见顶，全链路营销被越来越多的人关注和讨论。那么，全链路营销究竟是什么？为什么会成为今天营销界的一股新趋势、新潮流呢？

"全链路"实际上是紧密依托今天的网购大环境来说的。中国互联网络信息中心（CNNIC）发布的报告显示，截至2021年6月，我国网民规模为10.11亿，互联网普及率达71.6%，其中，网络购物用户规模达8.12亿，占网民整体的80.3%。庞大的网民成就了我国蓬勃发展的网购市场，网络零售已经成为消费增长的重要动力。

所谓"全链路"就是指用户从对产品或企业有认知直到完成交易的整个过程。在以互联网为媒介的这条全链路中，是可以挖掘出关键节点的，企业只需串联关键节点即可，能够大幅节约整合的资源。如今，一些走在全链路营销前沿的企业，已经开始做全场域和全周期用户触点管理，这种营销方式更侧重直效转化，相比传统的整合营销，更节约成本、更高效，也更精准。

从"整合营销"到"全链路营销"，这是一种社会发展的必然结果。信息碎片化已经是当下势不可挡的趋势。最明显的例子是，当今的很多年轻人,已经越来越没有耐心阅读长篇文章、观看长视频,而是更习惯用微博、抖音、快手、头条等媒介来获取信息。信息的碎片化超乎人们的想象,整合所有媒介越来越不可能。尤其是直播带货让广告对用户的影响时间大大缩短,面对主播的宣传广告,用户可以立即点击链接下单购买,企业已经没有多少时间去整合资源对用户施加影响。

面对越来越海量的干扰信息,越来越多元的传播渠道,越来越对营销免疫的大众,整合营销已经变得难以高效解决企业的营销难题。于是,无数企业和营销人开始敞开胸怀拥抱全链路营销。这是一个新旧营销方式交替的时代,站在时代的十字路口,向左走还是向右走,相信每一个高瞻远瞩的有智慧之人都会做出正确的选择。

链路营销，直接驱动消费者购买行为

整合营销与链路营销的区别在于，前者是为了抢占消费者的持续关注，后者是为了驱动消费者完成购买行为。为了更好地理解链路营销是如何直接驱动消费者购买行为的，我们来看下面两则案例。

案例1：蒙牛酸酸乳+《超级女声》

十几年前，蒙牛酸酸乳自从与综艺节目《超级女声》"联姻"后，知名度与销售量都呈直线上升趋势。蒙牛集团曾公开表示，选择《超级女声》后，蒙牛酸酸乳的销量翻了三番，增加了两条生产线，产品依然供不应求。

在市场上，酸奶的品牌琳琅满目，为何蒙牛酸酸乳可以实现一枝独秀呢？这是由于蒙牛集团成功实施了整合营销战略。整合营销模式是以消费者为核心，以各部门间的协调合作为基础，以多种多样的传播方式为手段，并以与消费者建立长期关系为目的。

蒙牛酸酸乳的目标消费群体为12～24岁女孩，用首届《超级女声》季军张含韵作为形象代言人，发布以"酸酸甜甜就是我"的广告。很显然，蒙牛酸酸乳是一个"带情绪"的产品，将产品与《超级女声》进行整合，既影响了目标消费群体，同时又将《超级女声》的品牌影响力辐射到酸酸乳的产品中。

据悉，蒙牛集团在对《超级女声》的相关推广上，花费不菲，除了冠名投入的1400万元之外，还围绕"超女"进行全方位的营销整合，比如路演、户外广告、产品包装、卖场活动、电视广告、选手代言、新闻稿件等。可以这样说，当年"超女"之所以火爆，与冠名商蒙牛集团在背后的推波助澜是密不可分的。

案例2：蒙牛纯甄＋《创造营2019》

同样的蒙牛集团，在2019年，又与综艺节目《创造营2019》合作，进行了一场酣畅淋漓的链路营销。此次链路营销的侧重点在两个方面：深度内容共创与打造营销闭环。

在深度内容共创方面，节目中设计了"纯甄小蛮腰首席撑腰官"的形象，以由高人气学员演绎创意广告、进行品牌植入等方式，增强品牌与节目内容的关联性，实现两者的深度绑定。

在打造营销闭环方面，纯甄小蛮腰开启"撑腰活动"。所谓的"撑腰活动"是指粉丝通过购买纯甄小蛮腰为学员投票，一瓶纯甄小蛮腰可以为喜欢的学员投4票，购买方式也非常简单，粉丝只要通过手机微信小程序即可完成投票，如果没有票可投，则会跳转到小程序商城进行购买，购买产品后，在产品端扫码，就能够再次进入小程序投票页面。由此可见，"撑腰活动"就是一个完整的营销链条。

蒙牛集团充分整合腾讯全域资源，如朋友圈广告、内容IP、小程序、QQ音乐、DOKI粉丝社群、微信直播、永辉超市等，通过打通用户"关注—喜欢—转化"的全链路，实现了完整的营销闭环。

通过这两个案例，我们可以深入地理解整合营销与链路营销二者之间的异同。整合营销虽然能以大规模地投入广告吸引目标用户的注意，但吸引用户注意的最终结果，并不等于下单购买。不少企业都曾有过这样的困惑：一篇"种草"（分享推荐某商品，以激发他人购买欲望）文章阅读量10万以上，商品的销量却很少，与阅读量完全不成比例；投放了几千万元的广告，曝光上亿次，却没有给业务数据带来可观的变化；APP端内活动UV（Unique Visitor，独立访客）很高，转化率却低得出奇……

为什么传播效果很好，却没有给营销带来实际的效果，无法驱动用户和业务量的增长呢？想解决这个问题，就要从有效链路的驱动入手，并从渠道环节上降低顾客注意力的损失。比如，在写"种草"文章时，内容写得很好，很有吸引力，可惜的是，在文末没有放上购买链接，用户读完文章之后，想购买产品，却找不到购买路径，他们很可能不会去费力搜索。有些"种草"文章在文末添加的是购买商品链接二维码，用户需要扫二维码进入，然后还需要复制口令，才能进入某电商平台购买。用户对这样的操作流程往往没有耐心，购买链接一定要便捷，读者点击后即可下单购买。

还有一种情况，在文章末尾虽然添加了产品链接以方便用户购买，但是用户却不会立即就下单，他们会货比三家，去寻找其他购买渠道，看看是否更优惠，从而在其他电商平台购买，这对商家当然是有利的，却没办法追踪用户的消费行为和轨迹，不清楚订单是如何产生的，就很难为下一步渠道投放做铺垫。

只有建立起有效的链路，才能直接驱动消费者完成购买行为。比如，我们在快手上刷到一件物美价廉的大衣，这时立刻出现一个产品链接，用户点击链接，便会跳转到电商平台，商家就能清楚地观察到购买者的购买路径，即点击链接—跳转页面—下单购买。只要清楚购买者的购买路径，商家就能更好地规划传播的渠道。有效的链路能够让消费者更好地集中注意力，实现所见即所购，大大提高转化率。

有效的链路才能直接驱动消费者的购买行为，那么，全链路是如何影响用户行为的呢？一般来说，营销效果不佳，主要受三个因素影响，如图1-1所示。

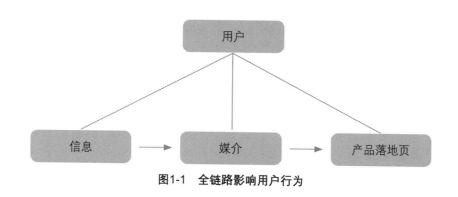

图1-1 全链路影响用户行为

通过图1-1，我们可以清楚地看到，信息是通过不同的媒介触达用户的，从而影响用户产生下载、购买等行为。信息、媒介、产品落地页任何一个环节做得不好，都可能影响用户最终的购买行为。营销效果往往是信息、媒介、产品落地页三方面综合得来的结果。营销效果不好，就要从这三方面进行分析，看看是哪一个方面做得不到位，从而进一步优化与提高。

首先是信息。商家可以通过视频、海报、H5（一种网页文件格式）等方式向目标用户传递信息。在传递信息时，要明确两点：一是要向用户传递怎样的信息，是产品功能，还是价格折扣，抑或是先进技术等；二是采用怎样的形式传递信息，是通过"种草"文章，还是朋友圈广告，抑或是海报动态化的视觉呈现。

其次是媒介。在确定了向目标用户传递什么样的信息后，接下来要考虑通过怎样的媒介形式与渠道将信息传递给用户。在移动互联网时代，由于信息流动呈现出去中心化的特点，这导致商家很难通过数个媒介和渠道就能覆盖到目标用户，用户触达变得困难，流量转化效率低。也就是说，目标用户变得十分分散，商家想做到大而全，几乎是不可能的。

这就需要商家找出精准用户，通过重复制造有效展示效应。所谓的"重复"包含两个方面：一是内容的重复，以加深用户的印象；二是媒介的重复，即通过不同媒介组合营造重复效应，从而触达更多的目标用户。

最后是产品落地页。产品落地页可以是网站、活动页、APP等，一个具有高转化率的落地页应具备三个要素：内容力、表现力、体验力。其中落地页的内容要突出重点，即信息明确，真实有效，体现出能够给用户带来的具体价值；表现力是指落地页的设计布局要清晰；体验力是指能够引导用户快速找到购买方式，简单易用。

围绕消费路径的链路营销已成主流

过去人们的消费行为与当下人们的消费行为相比较有怎样的不同呢？在过去以传统媒体为主的年代，决定人们购买某种产品的因素，往往是广告，哪个产品的知名度高，人尽皆知，大家就选择买哪个产品。比如，传播于大街小巷耳熟能详的那句广告词："今年过年不送礼，送礼就送脑白金"。过年走亲访友，送礼品是一大难题，买什么好呢？当我们无法决定买什么礼品时，广告就起到了很大的作用，"就买脑白金吧"，这是广告占据了人们思维定式的结果。

在过去，这些广告出自哪里呢？多半出自电视、报纸，同时这也是绝大多数人获得信息的一个重要来源。因此，在黄金时间插播电视广告，费用都是非常高昂的。因为信息获取渠道有限，电视广告可以覆盖绝大部分用户，效果非同凡响。

但现在就不可同日而语了。我们每天接触到的信息可以用海量来形容，媒体越来越碎片化，对比过去，现在主动去看电视的人有多少呢？一般以老年人居多，年轻人很少看电视。如今人们的休闲时间多是以手机为伴，有人喜欢看抖音，有人喜欢看快手，有人喜欢用今日头条，也有人喜欢看小红书，等等，总之人们获取信息的渠道越来越多。在自媒体时代，每个人都是信息的产生者和传递者，这导致了用户越来越分散，商家不能如传统媒体时代那样，对目标用户"一网打尽"，造成品牌传播越来难，销售效果转化越来越不容易的现状。

营销环境的不同，造就了不同的营销策略。在传统媒体时代，整合营销效果明显的原因是，它就像撒网捕鱼一样，网撒得范围越广，效果越好，因为它追求的就是品牌广告效应，期待的结果是品牌传播。品牌传播是企业追求和在意的事情，但同时企业也会对广告的投入产出比进行衡量，即追求广告效果。相对品牌传播而言，广告效果更注重的是消费者从看到广告到完成产品购买的行为链条，这一链条越短，说明转化效果越好，这就是全链路营销。

当然，全链路营销与整合营销二者之间并不是完全没有关系的。由于全链路营销也需要整合全媒体资源，只不过不是广播式地传播内容，而是有效地设计用户途径，追踪用户在媒体链路上的行为操作。由此可见，全链路营销成为解决品效合一问题的一种优选方案。

"品效合一"中的"品"是指品牌传播效果，"效"是指销售业绩效果，"合一"是指在品牌宣传的同时促进了销量的增长。也就是说，企业营销不仅要促进品牌传播，更需要看到效果，即实现效果的最大转化。

比如，用户在京东平台上购买产品，如果是在过去，其路径往往是这样的：第一步，用户受各种广告宣传的影响，对某一产品产生了认知，并在某种特定环境下激发了购买欲望；第二步，去京东平台上搜索所要购买的产品，在商家页面搜索优惠券，与商家沟通确认之后下单；第三步，京东物流配送。在这三个环节中，决定用户是否购买的因素主要在于第一步和第三步，而第二步只是中端交易过程。

在链路营销时代，用户购买的路径是怎样的呢？在回答这个问题之前，先来说说直播带货，为什么现在的品牌越来越青睐直播带货呢？因为直播带货能将营销链路的步骤简化到最短。比如，主播销售口红时，讲解商品的时间大约只有10分钟，在这短短的10分钟里，用户却可以获得很多有关商品的信息，包括商品品牌、商品功能特点、适用人群、使用方法等，也可以理解为整个销售时间只有10分钟。

以直播场景为例，用户的购买路径通常是这样的：第一步，主播直播"种草"，用户在直播间环境和自身情绪的推动下，产生购买的欲望和冲动；第二步，用户可以直接在直播间下单，而且不需要领取优惠券、打折券，因为这已经是最低价，也无需加入购物车，可以直接进入付款环节，完成以上两步后，用户就已经完成了购买行为；第三步，用户在下单后，还可以加入主播的粉丝私域，主播便完成了粉丝沉淀。

从用户的购买路径可以看出链路营销流程，即从激发用户需求到用户下单购买产品的中间流程被极度优化，再加上流量的倾斜以及KOL（Key Opinion Leader，关键意见领袖）的信任背书，使得产品营销变得非常简单。

反过来，我们看一下传统的营销思路，用户往往会在连续点击数十个广告之后，才有可能完成购买行为。虽然这些广告对产品品牌推广有一定的好处，但有了知名度却无法实现现金流的转化，岂不是"叫好不叫座"、赔本赚吆喝吗？对企业来说，可能只是空欢喜一场。与传统的营销思路相比，链路营销的优势在于让商家实现了名利双收，在进行产品品牌推广的同时，实现了销售量的提升，这是其一。

其二，链路营销相对来说更省钱。以品牌线下销售为例，租赁产品存放地、邀请主持人、配备舞台灯光音响设备、安排工作人员、策划执行活动宣传方案等，这一系列环节都需要投入不少的资金。而且品牌线下销售是受空间限制的，如果想在每个城市都进行品牌线下销售，既不现实，也很少有商家承受得起这么高的费用，特别是一些中小企业。最重要的是，商家在做了很多努力之后，销售效果却无法得到保证。

现在只需要打开直播间，聘请一个与产品调性相匹配的知名主播即可，不仅省去了一系列烦琐的准备环节，还能节省一定的费用，可谓省时省力。

综合以上两点，围绕消费路径的链路营销模式必然会成为主流。商家在进行全链路营销时，一方面要确保链路不中断，链路链条上的每一环都是环环相扣的，用户在整个链条中是行得通的；另一方面，链路要尽可能短，尽可能地省去中间步骤，才能提高转化率，即用户看到广告后，可以立即完成购买，并且可以随机进行评价与分享。

全链路营销帮助品牌走出困境

现阶段对品牌方来说，做品牌最大的困境是什么呢？品牌方如何走出困境，破茧成蝶，迎来曙光呢？这是这一节主要探讨的两个问题。

（一）做品牌的困境有哪些

做品牌遭遇的困境主要表现在两个方面：一方面是流量分散，目标用户难以捕捉；另一方面是新型冠状病毒突袭，短期经济下行，企业和品牌方求生困难。

1. 流量分散，目标用户难以捕捉

以电商为例，过去人们网购的途径主要是淘宝、京东等平台，没有现在这么多的购物APP，而且最初淘宝、京东平台上入驻的商家也不是很多，互相之间的竞争不如现在这般激烈，如果淘宝搞个"双十一"活动，或者其他促销活动，就相当于三五个人一起抢占用户，赚到盆满钵满是情理之中的事情。

但现在情况发生了很大的变化，购物APP遍地都是，除了淘宝和京东等平台外，还有天猫、亚马逊、拼多多、淘特、网易考拉海购、一号店、卷皮折扣、折800、唯品会、苏宁易购、蘑菇街，等等。可能有人会说，现在上网冲浪的人也比当年要多，比如在拼多多平台上无论何时进行拼单，都能分分钟完成拼单任务。

的确，新增用户是不少，但同时我们要意识到平台增多、商家增多，渠道同时也增多了，而且产品同质化严重。用户在选购产品时，往往会货比三家，选择的空间大了，产品被选中的概率就小了。

在电商流量面临枯竭，流量又被分散的情况下，企业和品牌方如何走出困境？

2. 新型冠状病毒突袭，求生困难

2019年末，新型冠状病毒突袭，很多行业受到了冲击，如旅游业、餐饮业、零售业等，可以说，除了医疗防护材料行业之外，几乎其他的所有行业都或多或少地受到影响，给企业和商家造成了巨大的经济损失。

2020年春运期间，旅客发送量明显下降，电影票房、旅游业、餐饮业收入同比显著下滑。据估算，仅这三个行业在七天春节假期期间，直接经济损失就超过了1万亿元。如今，人们依然会偶尔受到新型冠状病毒的困扰，全球经济都出现了下滑的趋势，面对这种情况，如何求生是品牌方遭遇的又一大困境。

面对以上困境，企业和品牌方该如何走出困境呢？全链路营销模式或许是一个好方法。如果把品牌比作一栋楼房的话，那么，平台和渠道就相当于门和窗，只有入口增多了，才会让更多的人知道这栋楼房，并走进这栋楼房。

之前是品牌少、平台和渠道也不多，用户即使隔着万水千山，也会进入你的这栋楼房，这就好比方圆二三十公里只有一家餐馆，附近的人想去吃饭，没得选，只能去这家。但现在的情况是，餐馆一家挨着一家，几乎整条街都是，人们想出去吃饭，可选择的空间很大，那么，怎样才能吸引用户走进你家的餐馆呢？这就需要餐馆给用户提供多种信息渠道，让他们

轻而易举地就知道这家餐馆，被这家餐馆所吸引。

同样的道理，品牌方要走出困境，就需要为用户提供多种触达方式，这些方式可以是社交平台，也可以是视频平台，抑或是电商平台，等等。比如，一个彩妆品牌，如何才能拥有大量用户呢？首先，你得知道谁使用彩妆，主要用户群体是年轻女性；其次，确定平台，年轻女性用户主要聚集的平台有小红书、B站、抖音等；最后，进行内容布局，可以请专门做彩妆的主播进行直播。

（二）西贝的自救之路

在新冠肺炎疫情期间，餐饮业受到的影响首当其冲，下面我们就来看一看西贝是如何通过全链路营销进行自救的。2020年初，西贝餐饮董事长贾国龙曾透露，西贝餐饮在全国60多个城市的400多家"西贝莜面村"堂食业务基本暂停，只保留100多家外卖业务，只能达到正常营收的5%～10%，仅春节前后的一个月，营收损失就达到了7亿～8亿元，甚至都快给员工发不出工资了。

西贝餐饮要想生存，必须破局、自救，他们开始尝试从流量变迁路径中寻找机会。首先，西贝要考虑流量口在哪里；其次，当线下自然流量断流时，如何通过整合线上线下流量，打造高效的营销体系，这是破局能否成功的关键。

目前，线上流量最大的平台莫过于抖音，于是，西贝选择通过抖音平台进行全链路整合营销。西贝的"亲嘴节"是线下营销的经典手段之一，之前已经连续举办了四届，2020年新冠肺炎疫情期间的"情人节"，西贝将第五届"亲嘴节"搬到了线上，解决当时实体场景营销困境，取得了出人意料的效果，其成功的关键在于以下三点。

1. 强黏性社交活动，引发用户情感共鸣

西贝将以往的线下"亲嘴节"改成了拍抖音飞吻视频，在情人节这个浪漫的节日里，能让用户见证甜蜜时刻，很容易引发用户的情感共鸣。在活动设置上，具有强社交属性，极大地调动了用户参与的积极性，很容易让用户转发分享。

2. 多工具协同，实现营销多点触达

西贝应用了抖音多工具协同，通过小程序实现串联，在企业号、直播、话题页、定制贴纸等内容中设置了领取优惠券的入口，实现用户多触点触达，让用户可以无门槛领券、参与活动领券。

西贝通过建立企业号+小程序、话题挑战赛+小程序、直播+小程序、定制贴纸+小程序的关联性，让用户只要进入小程序，就可以轻松领取八八折优惠券。若用户在小程序内一键调起抖音拍摄器，通过拍摄抖音视频参与到#飞吻传爱#挑战赛中来，就可以领取七七折优惠券。

另外，为了达到更多用户之间的裂变效应，用户的内容在进行传播时，会叠加小程序组件，这样一来，用户就可以通过挂载在内容上的小程序组件，进入到小程序中参加活动。

3. 形成闭环营销路径

用户在活动中领到的优惠券，有效期为99天，新冠肺炎疫情缓解后，用户就可以到店消费，由店家进行优惠券核销。用户通过观看抖音视频或参与活动—在小程序中领优惠券—进店消费—核销优惠券，整个过程形成了闭环营销路径。

2月12日—2月14日，仅三天时间，用户参与西贝活动并领取的七七折

优惠券就达到了3万张以上，"飞吻传爱"的话题累计达到了4.5亿次播放量。

西贝的破局，值得餐饮从业者们学习和参考，毕竟线下客流存量有限，这就需要餐饮业转化思路，向线上要增量；之前线上与线下是相互独立的，全链路营销将两者打通，实现了从单一路径到全链路的转变。以往餐饮业开门营业，是坐在店里等客人，是一种被动营销，现在则是通过影响客户，主动吸引用户到店里来。最重要的是，抖音企业号的粉丝都非常精准，这些粉丝将为商家带来持续的价值，抖音全链路营销还可以追踪转化效果，帮助企业及时调整和优化营销方案。

全链路营销驱动下，与消费者共迎未来

随着技术与市场的不断变化，营销行业呈现出不断变化的态势。以电商行业为例，近年来主要呈现出以下变化趋势。

2014～2015年，品类升级阶段，简单地说，就是通过搭台子，吸引更多的人与货。

2016～2018年，体验升级阶段，核心是提升消费黏性与消费认知，比如，娱乐化营销、全渠道营销、互动式营销等。

2019年至今，运营升级阶段，运营朝着精细化、深耕化方向发展，品牌视觉全面革命，愈加重视品牌个性化发展。

市场需求是决定未来营销方式的基础，很多企业在营销过程中，或多或少都会遇到这样的情况：投入了信息流广告，流量上去了，但无法精准找到人。如何既能保证投放量，又能确保精准性呢？投放数据与转化数据两者无法实现互动，不清楚转化是从哪条广告带来的，效果不好应该如何进行优化？用户的需求越来越细分，要洞察到用户多种多样的需求，是一件很困难的事情等。

企业在营销过程中遇到的这些困惑，归根结底是没有抓住市场需求。在移动互联网时代，信息传递的渠道和载体呈现爆发式的增长，并且越来越分散，用户行为也变得多元化，导致品牌与用户的交互路径更加复杂，因此，链路营销策略的运用就显得更加重要。

链路是指用户从第一次接触到品牌到最终完成消费的整个路径；全链路营销是指用户在接触到某品牌后到完成转化的整个过程中，营销手段始终在引导用户进入下一个环节，最终实现转化目标。全链路营销将关注与用户接触的每个节点，从而完成引导、激励转化，驱动消费行为。

全链路营销已经成为主流，不仅仅是因为信息碎片化已成为势不可挡的趋势，更与科技的进步息息相关。数字化的驱动是促使整合营销向全链路营销升级的关键因素之一。友盟+首席运营官吕志国认为："数据是整个数字化营销的起点，营销的未来必然是从数据到数据，即从积累数据，到最终应用数据，营销的每个环节都需要数据来支撑。"

在投放策略之前，首先，要确定投放媒体，确定目标用户，若没有一定的数据支撑，投放广告便无的放矢，商家无法清楚地知道自己的媒体流量是哪些，潜在的目标用户是谁。其次，在投放阶段，流量作弊和劫持会令商家头痛不已，这同样需要数字技术进行反作弊。最后，在投放后优化阶段，商家需要了解不同的媒体带来的用户质量情况，这些用户是否活跃，是否具有高价值，这依然需要借助数字技术。

对商家或者企业来说，将投放前、中、后三期的数据积累下来，并逐渐成为企业或者商家自身的数据资产，这是未来进行更精细化营销必须要具备的数据支撑，是企业宝贵的资源，其重要性不言而喻。

由此可见，全链路营销实际上就是通过深度数据洞察，对投放前策略、投放中反作弊及优化、投放后维持中短期效果的营销打法，目标用户、媒体选择、营销机会、竞争环境等都需要在数据的支持下进行筛选，在投放过程中进行检测、发现问题，投放后对数据复盘、优化等，都是全链路营销中非常重要的环节。

全链路营销模式是营销的发展主流，与数字化进程息息相关，这是未来营销的特征之一。从营销公司的角度来说，未来的营销模式会呈现出分层化的特征。灵狐科技合伙人石岩将营销模式分为六层：第一层是将数字媒体融入营销手段，这是当前营销公司的基本形态；第二层是在数字媒体营销的基础上，添加数据化手段；第三层是面向效果类的营销；第四层是以销量为最终目标的效果营销，目前仅围绕单业态、单平台开展；第五层是多平台、多业态的全域营销；第六层，也是最高一层，是当前一些平台正在尝试的C2M（Customer-to-Manufacturer，用户直连制造）模式。

打破媒介的界限将是未来营销的第三大特征，品宣、带货和互动体验将是未来营销的主要模式，并且这三种模式将会逐渐融合，不再仅限于A-I-P-L（Awareness-Interest-Purchase-Loyalty）的转化路径，营销模式会变得更加多元化、趣味化。

实际上，不管未来营销模式如何变化，"抓住用户"这个底层逻辑都不会发生改变。无论营销模式如何升级，都要洞察用户需求，用户在哪，营销就应该在哪；用户需要什么，营销就应该做什么。这里提及的"抓住用户"包括两层含义：一是考虑流量如何变现，二是如何服务好客户。

从某种角度上来说，服务即营销，营销即服务。比如，以星巴克、宜家为代表的零售创新，不断强调用户体验；新兴快消品牌倡导的DTC（Direct-to-Consumers，直达消费者），通过私域流量运营、社群，与用户建立长期的沟通交流渠道，这些企业的最终目的都是抓住用户，服务好用户，通过倾听、互动、关怀等方式与用户产生情感共鸣，从而持续产生收益。

未来营销模式瞬息万变，究竟会变化成什么样子，没有人能够预知，但可以肯定的是，智能科技的发展提供了信息共享技术，会促使营销行业、营销方式都发生巨大变化，企业只有与时俱进，依靠科技进步，不断洞察用户的需求，以链路营销为驱动，才能够与消费者一起拥抱未来。

第二章
链路营销的经典模型

路易斯AIDMA模型

AIDMA是消费者行为学领域中一个非常成熟的理论模型，该模型是由美国著名的广告学家E.S.路易斯于1898年提出来的，用于描述广告作用于消费者之后消费者的心路历程。

AIDMA理论认为，消费者从最初接触到商品信息到最后完成购买行为，会经历五个阶段，如图2-1所示。

图2-1　AIDMA理论的五个阶段

在传统媒体及互联网兴起初期，由于信息不对称的缘故，AIDMA理论能够有效指导广告创意和投放的营销策划，呈现出效果直接、见效快的特点。商家通过在各类媒体上大量投放广告，吸引了更多人的关注，从而占据人们的思维定式，引发人们的购买行为，有利于品牌的推广。

（一）AIDMA理论在销售中的应用步骤

第一步，引起注意（Attention）。

回想一下，我们逛超市时，在琳琅满目的商品中，哪些商品能够吸引我们的眼球，引起我们的关注呢？绝不是放在不起眼位置的、其貌不扬的小商品。一般来说，在视觉上，色泽鲜艳、具有动感的事物更能吸睛；在听觉上，强度大、能引发人们情感共鸣的声音更能引人关注。

比如，一些商家为了吸引人们的关注，会让促销人员穿上毛茸茸的卡通玩偶服饰，音响的声音放得很大，宣传语也十分感人，"挥泪甩卖""亏本清仓，一件不留""最后三天"等，一下子就会吸引很多人的围观，销售场面十分火爆。

总之，要引起人们的注意，在表现手法上可以使用欲扬先抑、制造悬念、激发好奇心等策略。

第二步，引起兴趣（Interest）。

引起人们的兴趣主要是通过精心制作的彩色目录、商品的新闻简报等方式，在语言上直击消费者痛点，或者抓住人们的猎奇心理等。比如："5天时间，赚足10000元""×××明星年轻20岁的秘密""×××都来了，你还等什么？"

第三步，唤起欲望（Desire）。

在唤起欲望这个环节，通常可采用三种广告诉求方式：文化诉求、理性诉求和情感诉求。

文化诉求是指利用某种文化的影响力，去顺应消费者的文化心态，从而让消费者心甘情愿地接受广告信息。比如，台湾恒义食品公司在推出"中华豆腐"这个品牌时，拍了一条视频广告，在这条广告中自始至终没有提及中华豆腐的质量，而都是围绕文化展开的，在"乡愁篇"中，广告的诉求点是游子与慈母之间的思念，"慈母心，豆腐心，中华豆腐"这句广告语脍炙人口。

理性诉求是指理性地阐述产品特点、用途、质量，通过陈述产品的优势来影响消费者的判断，从而获得消费者的理性共识，激发其购买欲望。

20世纪90年代中期，市场上治疗感冒的同类药品很多，同质化情况严重，如何在众多感冒药品中分得一杯羹呢？感冒药"白加黑"的创意取得了巨大的成功。"白加黑"将感冒药分成白片和黑片，并将感冒药中作为镇静剂成分的扑尔敏放在黑片中，这样一个小细节，却使它在品牌外观上和竞争产品形成了较大的差别，"白天服白片，不瞌睡；晚上服黑片，睡得香"，一句广告词就将产品名称与药品信息清晰地传达出来。

情感诉求重点强调动人的情感，利用情感来诱发消费者的购买动机。"如果说人生的离合是一场戏，那么，百年的缘分更是早有安排。青丝秀发，缘系百年。"这是演员周润发拍摄的"100年润发"洗发露的经典广告词，该广告将京剧唱腔作为音乐背景，给大家讲述了一个关于青梅竹马、白头偕老的爱情故事，打造了一种意境，凝聚了一种美好的情感，很容易激发人们的购买欲望。

第四步，留下记忆（Memory）。

强化记忆通常使用的方法就是一遍遍地重复，如"恒源祥！羊羊羊！""今年过年不收礼，收礼只收脑白金"等，前提是一定要将产品做出特点，着重表现该产品与同类产品的不同之处，并进行大范围的投放，抢占消费者思维定式。

第五步，购买行动（Action）。

前面四步都做得非常好了，只差最后一步，消费者就可以完成购买行为了，可此时消费者往往会找出各种理由拒绝购买，比如之前购买的产品还没有用完，没有足够的经济实力，等等，这就需要给消费者制造一种紧迫感。比如，该商品只有在活动期间才会有优惠，现在还剩下最后一天，错过了这个机会，就要高价购买了。

（二）案例分析

在广告中植入AIDMA理论的案例有很多，比较典型的案例有"旺旺碎冰冰"和"脑白金"。

在"旺旺碎冰冰"的广告中，一个身穿蓝色衣服的小男孩出现在镜头中，家人给他拿了好几种冷饮，他都把头撇向一边，大声地说"我不要"，直到家人拿出"旺旺碎冰冰"，小男孩才两眼放光，连说三遍"我要"。紧接着是小男孩表情夸张地吃"旺旺碎冰冰"的画面，在广告末尾，小男孩说道："我是个有主见的人。"

"旺旺碎冰冰"的广告大部分都投放到了儿童最喜爱看的电视频道中，进行"病毒式"投放，走在大街小巷都能听到那句广告词——我要，我要，我要旺旺碎冰冰。

大量的广告激活了孩子们的兴趣，孩子们在没有口渴的时候就无意识地记住了这句广告词，当孩子们感到口渴的时候，自然就会联想到"旺旺碎冰冰"，从而产生购买的欲望，要求父母或爷爷奶奶给他们买，如果家人不给他们买，他们便会联想起小男孩的那句广告词——我是个有主见的人，从而要求自己的"主见"被重视和实现。

孩子们吃到"旺旺碎冰冰"，就体验到了甜蜜、清凉的感觉，以及打开包装纸时发出的"咔嚓"声，这些都能让他们觉得幸福与快乐，从而形成全方位的购买体验。

"脑白金"和"旺旺碎冰冰"的宣传营销套路差不多，也是通过前期投放大量的广告，使其在父母和儿女心目中形成产品记忆。再加上过年过节给长辈们送礼是国人的传统礼仪，那么，给长辈们带什么礼物好呢？选购礼物时脑子中就会不由自主地蹦出那句广告词——今年过年不收礼，收礼只收脑白金。

"脑白金"对AIDMA理论的应用比"旺旺碎冰冰"更胜一筹，因为它建立了送礼人和收礼人双方的记忆，形成了认知"共识"，别看只是一句简单的广告词，反反复复地出现之后，对人们消费行为的影响还是蛮大的。

电通集团AISAS模型

AISAS模式是世界知名广告企业电通集团提出的一种全新的消费者行为分析模型，该营销方式从传统的AIDMA营销法则向含有网络特质的AISAS发展，即Attention（引起注意）、Interest（引起兴趣）、Search（进行搜索）、Action（购买行动）、Share（进行分享）。

互联网的兴起，削弱了AIDMA营销法则的作用，催生了AISAS营销模式。特别是在互联网和移动应用被普及之后，人们使用和接触网络的时间逐渐超过电视、报纸等传统媒介，网络搜索引擎让人们主动、精准获取信息成为可能。

紧接着，Web2.0使传播理念发生了变化，以生产者为主体的新的传播理念逐渐形成，消费者既可以通过网络主动搜索、获取信息，又可以发布信息，与其他消费者分享交流，媒体市场呈现出向深度、精准度发展的趋势与特点。

互联网的发展也在悄悄地改变着消费者，主要表现在两个方面。首先，互联网与移动应用对人们的生活、工作、学习、娱乐方式产生了很大影响，人们可以通过互联网和手机搜索信息、上论坛、收发邮件、写博客、进行在线交易等。

其次，消费者借助互联网获取信息变得十分便利。比如，在购买商品时，消费者可以先通过网络搜索了解相关产品信息，再决定是否购买，使消费变得更加理性，也更加主动。特别是行业垂直网站、行业频道、专业评论网站、专业博客的出现，使消费者获得专业信息的渠道增多，更有利于其做出正确的购买决策。

因传播环境和生活方式的改变，消费者的购买探讨过程也随之发生变化，在此情况下，2005年，日本电通集团推出AISAS模型。

（一）AISAS模型在销售中的应用步骤

AISAS模型在销售中的应用主要分为以下五个步骤，如图2-2所示。

图2-2　AISAS模型五个步骤

第一步，注意（Attention）。

AISAS的前两个阶段（Attention和Interest）与AIDMA模型相同，都是引起用户的注意和兴趣，但是与传统的实体经济购买行为不同的是，其引起用户注意的渠道增多了，也更加精准。从渠道上来说，传统的营销方式主要有电视、纸媒等，传播范围有限，现在借助互联网可以通过公众号、自媒体、短视频等渠道触达消费者，传播范围广泛，且针对的目标人群更精准。

第二步，兴趣（Interest）。

在传统方法中，通常会使用商品新闻简报、精制的彩色目录等引起消费者的兴趣，但在互联网时代，消费者对硬广告比较反感，植入软广告更容易被他们接受，转化效果更好。即使是信息流广告，也要强调内容的质量，考虑用户的阅读体验，才能提高产品的转化率。

第三步，搜索（Search）。

经过以上两个步骤，消费者对产品产生兴趣后，他们会通过各种渠道去搜索相关信息，比如在网上使用搜索引擎搜索，或者在线下收集有关产品信息，了解其他人的使用情况、对该产品的评价。因此，在这个阶段，企业做好搜索引擎优化是非常有必要的，这样可以确保品牌和产品没有负面的舆论，并引导用户进一步了解产品，以影响用户的购买决策。

第四步，行动（Action）。

消费者通过多种渠道了解了产品的相关信息后，如果对产品较为满意，就会产生购买行为。现在消费者的购买渠道很多，不仅局限于线下实体店。比如在网上购买会更便捷，这也大大降低了消费者做出购买决策的门槛。

第五步，分享（Share）。

以前，人们在实体店购物，购买行为完成后，营销活动就结束了，但在互联网时代，购买结束后还有一个分享的环境。比如，甲购买了一款新手机，他使用一段时间后，觉得这款手机很好，就发了朋友圈，被他的朋友乙看到了，正好乙也想换一部新手机，那么，甲的这条朋友圈极大可能会影响朋友乙的购买决策，这比通过开展营销活动去展现产品更有效，因为这是口碑传播，人们在心里更愿意接受身边人的意见和建议。

用户在进行决策分析的任何一个环节，都可能进行分享，如果企业能有意识地引导用户去分享，对产品的品牌宣传是非常有帮助的。当然，这只适用于价格高、需要谨慎决策的产品，对于价格低的产品，则不需要如此复杂的决策过程。

（二）案例分析

以小米手机营销模式为例，来看看它是如何将AISAS模型使用得淋漓尽致的。

首先，让消费者通过电视、报纸、户外广告、杂志、互联网等媒体或者口碑传播等方式接触到有关小米手机的信息，通过多渠道传播引起消费者的注意，同时也起到了将普通大众与潜在目标人群分流的作用。

其次，在引起消费者注意之后，对小米手机真正感兴趣的潜在人群的兴趣会进一步被激发，他们有继续了解小米手机信息的需求。高配智能手机的市场价格在3000～4000元，而小米手机只要1999元，价格优势十分明显，给潜在用户以强大的刺激。

再次，潜在用户就会上网搜索相关的信息，去了解小米手机的性能，小米为这些用户提供了多种了解渠道，如小米官网、小米社区、门户网站、微博等，让用户很容易收集到相关信息。

最后，行动是最关键的一步，通过以上步骤，潜在用户基本决定购买小米手机了，但不能马上购买，需要抢购：第一步，注册小米账号，拿到预约号；第二步，在指定的日期进行抢购；第三步，购买配件；第四步，进行网络支付。

对于用户来说，当他们"艰难地"购买到手机后，他们买到的不只是一部手机，还是一种战利品，内心的欣喜可想而知，很容易引发分享。这样一来，就可以通过消费者去影响消费者，从而形成口碑营销。当然，小米公司也很会造势，会通过官方微博、意见领袖、论坛核心人员进一步去影响消费者。

增长黑客AARRR模型

"增长黑客"这一概念源于美国硅谷，其中对增长服务最具有指导意义的理论是AARRR漏斗模型。该模型是戴夫·麦克卢尔（Dave McClure）于2007年提出的，"AARRR"中的字母分别代表的是Acquisition（获取）、Activation（激活）、Retention（留存）、Revenue（收入）、Referral（自传播），对应的是用户生命周期中的5个重要环节，如图2-3所示。

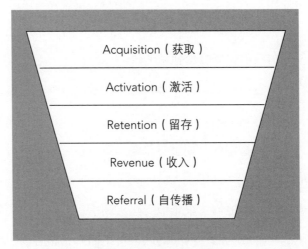

图2-3　AARRR漏斗模型

图2-3是从上到下放置的AARRR模型，这是一个线性顺序，形成一个用户漏斗分析模型，显示出用户一步步地流失，只有部分用户到最后实现了转化。

（一）AARRR模型在销售中的应用步骤

在产品的不同生命阶段，应制定不同的增长目标，根据用户参与行为的深度和类型的不同，将增长目标概括为AARRR转化漏斗模型。

第一步，获取用户（Acquisition）。

万事开头难，如何让用户在第一次使用产品时，就对产品青睐有加呢？产品在传播过程中，用户会经历接触—认知—关注—体验—使用—付费—习惯七大步骤。如何让产品获得第一批种子用户的关注很关键，实现的方式有很多，如线下推广、媒体传播、网站广告、搜索引擎优化、官方微博和微信公众号推广等，选择不同传播方式和途径，会产生不同的效果。

企业应根据自身产品的特点寻找潜在用户。比如，企业生产的是母婴用品，那么，推广的渠道就应该选择宝妈们聚集的平台，如"宝宝树""宝宝知道"这样的平台，在这些平台做内容推广，获取第一批种子用户相对更加容易一些。

第二步，激活用户（Activation）。

吸引用户之后，还要想办法激活用户，让他们为产品创造价值。在产品正式上线前，运营人员要对这批用户进行指导与服务，并通过后台运营管理系统，关注每日新增用户、注册用户、登录用户以及流失用户的数据，以便更好地进行运营优化、产品迭代。

比如，企业推出的产品是一款APP，如果用户在注册时感到流程很烦琐，或者无法轻而易举地找到注册的入口，就会放弃，因此注册页面一定要简洁，操作步骤要简单，只有这样，用户才能有耐心完成注册。

第三步，提高留存（Retention）。

众所周知，获取一个新用户的成本要远远高于留住一个老用户，因此，留住老用户是非常重要的。要想留住老用户，可以对产品更新迭代，弥补产品的缺点，还可以提高服务质量，最重要的是，多与老客户进行沟通，以了解用户的痛点，了解他们在使用产品过程中遇到的问题，从而对产品进行有针对性地改进。

比如，运营公众号，如何让已经关注我们的用户持续关注呢？这就要求运营者持续提供优质的内容，不能三天打鱼两天晒网，推送文章没有固定时间，或者文章内容定位不准确，今天写财经文章，明天写美容保健内容，这样很容易让用户取消关注。

第四步，增加收入（Revenue）。

任何平台、产品，都是以商业价值为导向的，其最终目的都是盈利。只是互联网盈利的方式比较特别，往往是先通过提供免费服务来获得海量用户，然后从海量用户中筛选出一部分用户，作为付费用户。

以公众号"十点读书"为例，前期通过优质的内容吸引了大量用户的关注，然后开始逐步推出付费内容。"十点读书"是主号，同时拥有多个相关号，针对用户的不同需求，发送不同内容，一般每天发布8条内容，第一条是原创内容；第二条是付费广告；第三条到第六条是十点课程、人物专访；第七条是推荐商城产品；第八条是公众号之间的互推。

第五步，病毒传播（Referral）。

"病毒营销"是利用公众的积极性和人际网络，让营销信息像病毒一样快捷地传播和扩散，营销信息被快速复制传向数以万计、数以百万计的用户，它能够像病毒一样深入人脑，快速复制，迅速传播，将信息短时间内传向更多的用户。

"病毒传播"具有传播速度快，能够高效率地被接受的特点。如微信、微博等具有"病毒传播"的营销特点，一条爆炸性的新闻事件数小时之内就能传遍朋友圈和整个微博。

（二）案例分析

抖音是当下最火爆的短视频平台之一，它仅用了两三年的时间，就得到了爆炸式的发展，下面通过AARRR模型来分析一下抖音是如何做到的。

1. 获取用户

抖音在不同的发展时期，获取用户的方式是不同的。

在产品初期，抖音去各大高校寻找高颜值的女孩和男孩使用抖音，拍出的视频内容十分养眼，从而快速地获取了第一批种子用户，他们在平台上发布原创内容，从而带动普通用户参与进来，注册抖音，一起发布视频。

抖音是一款视频与音乐相结合的短视频平台，提供的背景音乐类型十分丰富，比如有嘻哈、有恶搞、有说唱、有炫舞等，非常符合年轻人的调性。为了推广该平台，今日头条其他产品线引导流量推广，并推广在OPPO、VIVO和应用宝，而OPPO和VIVO的用户主要是年轻的女性，与抖音的目标用户是非常吻合的。

在产品发展期，为了促进用户的快速增长，平台方将抖音用户定位为普通大众，成立官方运营号"抖音小助手"，为小白（指新手）用户提供高质量的服务；邀请明星入驻；赞助热门的综艺活动，如综艺节目"快乐大本营""奔跑吧",从而增加平台的曝光度、知名度。此外,平台还进行了有趣的时下热点活动运营,比如泰国导游假脸笑,引发用户争相模仿。

在产品稳定期,通过重金挖红人、高价培养本平台的KOL(Key Opinion Leader,关键意见领袖),从而带动粉丝持续关注抖音,而且,积累一定粉丝的运营者还可以尝试做电商,实现淘宝直通,使用户可以持续地留在平台。

2. 激活用户

为了激活用户,抖音平台设置了新手引导,可以引导小白快速体验产品,完成作品。在官方运营号"抖音小助手""抖音研究院"等有系统的教程,可供新手学习。官方运营号会不定时地发送调查问卷,了解用户对平台的评价,以便及时对产品进行更迭。

值得称赞的是,抖音平台针对不同活跃度的用户采取了有针对性的促活手段。比如,对不经常登录的用户,会用短信、邮箱或者社群运营私信召回;对于那些每天都登录的用户,则会通过在不同时段推送信息的形式进行激活。

3. 用户留存

为了留住用户,抖音平台在产品上下了很大功夫。比如,在强大的推荐策略下,优质的内容可以得到很好的展现;用手轻轻上下滑动就可以轻松切换视频,操作起来十分便捷;和具有内容持续创作能力的头部作者签约,确保内容持续产出,从而增强用户黏度等。

在运营和市场推广方面,抖音平台会通过有趣的运营活动来增加留存活跃度,比如,与时下火爆的综艺节目捆绑营销,与知名餐饮品牌进行合作推广，以及邀请当红明星入驻等。

4. 获取收入

运营者可选择官方平台接广告主动投放，也可选择网红广告视频内容营销投放，还可以通过直播打赏获得收入，抑或是做电商，在抖音上可直通淘宝。

5. 自传播

将今日头条旗下的所有产品线打通，在非抖音平台的产品上也有抖音运营活动的入口，提供优质、有趣、搞笑的视频内容。抖音的玩法越来越丰富，有各种滤镜、慢镜、尬舞机、声音识别等，让人们欲罢不能，离不开抖音。

精众营销TRUST模型

2013年3月6日，国家广告研究院在北京召开"精众的力量"——中国精众营销成果发布会，在会上发布了《中国精众营销发展报告2012—2013》。该报告指出，我国的消费市场呈现出从"分化"向"重聚"的演进趋势，说明营销进入了精众时代，并提出企业赢得精选、精致、精英、精明的高价值精众消费群体的方法，即精众营销"TRUST模型"。

精众营销是结合消费人群的生活形态和消费符号，将关系营销、共鸣营销、参与式营销、场景营销、整合营销及全方位营销等模式进行统辖，持续深入影响精众人群的营销过程。"TRUST模型"是一种系统的可操作的营销工具，其内容包括如何聚焦消费者、创新营销创意、建立强关系、规划营销节奏、赢得消费者心理和行为转化等。

在介绍精众营销之前，我们先来了解一下什么是"精众人群"。精众人群一般指拥有积极向上的价值观，追求并引领高品质生活，具有活跃的、共同的消费符号的人群，其特征如图2-4所示。

精众人群最常出现的地方是酒店、酒吧、品牌店及健身会所，是企业在市场发展各阶段需要优先关注的人群，他们的消费信息传播的活跃度比较高。

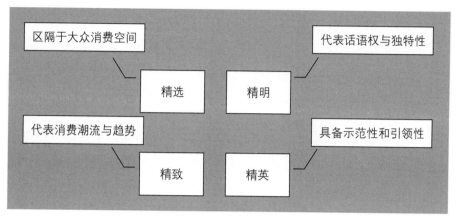

图2-4　"精众人群"特征

（一）TRUST模型营销操作手段

使用TRUST模型进行营销，分为以下五个步骤，如图2-5所示。

图2-5　TRUST模型营销五步骤

第一步，Target——聚焦精众平台。

寻找并确定精众平台，需要从两个维度进行考虑：一个是精众人群出没的消费场所，一个是精众人群所在场所的传播价值。酒吧是精众人群经常出没的场所，但酒吧的环境一般比较嘈杂，不适合进行媒体传播及持续的营销推广。

相对来说，健身会所更适合进行营销推广，一是因为健身会所也是精众人群常去的消费场所；二是健身会所的环境比较好，不容易受到其他信息的干扰，而且精众人群在此停留的时间较长。

在选择精众平台时，要选择那些能够长时间多频次接触精众人群、无其他信息干扰、轻松愉快的传播环境。

第二步，Relation——建立关系。

企业要善于挖掘精众人群的生活态度、价值观等信息，使其可以与自己的品牌或者产品主诉求相融合，从而产生让精众人群感兴趣、可操作的营销主题、营销话题。

第三步，Update——升级、创新传播内容，与环境共生的创意。

与环境共生的创意是指要结合产品调性、行业特性、营销目的及精众平台环境等因素来制定营销策略。

第四步，Schedule——持续影响，科学排期。

在进行科学排期时，要考虑三个维度：企业预实现的市场占有率、该品类的预购率、消费者与精众人群的直接关联度。此外，精众渠道的推广节奏要具有独特性，要不同于传统渠道推广。

第五步，Transform——转化。

经过以上四步之后，形成有效的转化是水到渠成的事情，该转化的内容是消费心理转化、品牌转化、口碑传播力转化，甚至是消费行为的转化。

（二）案例分析

下面以奥迪南部区精众营销为例，来看一看这家企业是如何运用精众营销TRUST理论的。

2012年，在汽车市场增长步调放缓的背景下，奥迪南部区选择运用精众营销推广方式，有效地提升了地域竞争力，实现了区域销售业绩增长。

第一步，Target——聚焦精众平台。

精众人群对中高端汽车产品的消费实力较强，消费态度较为活跃，而在精众人群中拥有健身习惯的人群，往往喜欢追求更高品质的生活，是奥迪品牌的高度关注者。

第二步，Relation——建立关系。

这一步需要找出精众人群所在的健身渠道与奥迪品牌之间的契合点。健身本身传递出来的是一种健康、积极向上的生活态度，这与奥迪积极进取的品牌态度是一致的，通过在健身会所开展"奥迪健康跑"活动，建立起同会员沟通的平台。

第三步，Update——与环境共生的创意。

健身会所内的跑步区是会员经常运动的地方，将活动项目设置在这里，可以让更多的会员关注到，使更多的会员参与到活动中来。奥迪推出了"跑步里程兑换购车优惠"的活动，并在跑步区进行媒体宣传，配合会所内平面框架广告，增加活动的曝光率，奥迪的经销商和销售人员有机会与会员面对面地进行沟通交流，大大提高了成交的概率。

第四步，Schedule——科学排期。

围绕奥迪南区四城市12家经销商开展活动，通过第一个阶段在会所内活动信息的宣传推广，引发第二个阶段让意向人群积极参与到活动中来，再适配奥迪车型的72家高端会所重点开展推广活动。

第五步，Transform——转化。

有效地执行完前四步后，健身会员对"奥迪健康跑"活动的认可度非常高，评价较好，奥迪南区共募集了2260份有效用户信息，最终集客到店的人数达到了503人，成交98台汽车。

第三章
头部互联网公司链路营销模型

爱奇艺"新娱乐营销"

爱奇艺基于其与其他媒体平台之间的差异，以及自身的独特营销价值，提出了"新娱乐营销"全新营销策略。作为国内数一数二的娱乐平台，爱奇艺在营销生态上具备五大全新价值，这是"新娱乐营销"的核心基础。爱奇艺"新娱乐营销"的价值主要体现在以下五个方面，如图3-1所示。

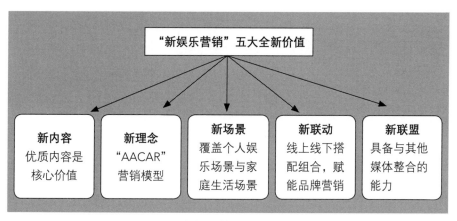

图3-1 "新娱乐营销"五大全新价值

（一）新内容

从全国范围来看，爱奇艺提供的长视频内容占到了总量的一半以上，并推出了不少爆款，如电视剧《破冰行动》《延禧攻略》以及综艺节目

《潮流合伙人》等，在赢得用户喜爱的同时，也收获了诸多奖项，使爱奇艺的长视频内容在同行业中成为佼佼者，影响力深远。

此外，爱奇艺在内容上还进行了创新。比如，拿下众多电影的独家发行权，不再有线上线下的窗口期，并且在观看形式及视听体验方面也进行了创新，创造了大量的互动剧、VR（虚拟现实）剧，并提供创新的"奇观一下"互动看剧体验。

优质的内容资源+优质的内容体验，是爱奇艺"新内容"的核心价值与优势，在将来，爱奇艺将陆续上线更多爆款剧集、爆款电影、爆款综艺，使其成为爱奇艺的独特价值。

（二）新理念

企业选择在视频平台营销，既要追求品牌曝光率，又要追求精准与效果，特别是作为区域品牌，在预算有限和品牌力不足的情况下，更在乎品效协同。爱奇艺在广告领域不断创新，经过多年的摸索和实践，总结出一套方法论——AACAR营销模型。

AACAR营销模型是一条从品牌曝光到品牌认知建立再到后链路转化的完整的营销路径，包括Attention（引起注意）、Association（产生联想）、Consensus（共鸣共识）、Action（购买行为）、Reputation（口碑分享）。该模型输入了AI（人工智能）内容、AI创意及AI技术，在用户的注意、联想、共鸣，到消费以及口碑分享整个的路径过程中，提供了很多专业技术方面的支持。

AACAR营销模型的核心包括三个方面：一是记忆点，让用户知道品牌；二是参与点，加深用户的认知，激发用户的分享欲望，提高品牌的影响力；三是转化点，引导消费者成为品牌用户。该模型将围绕这三个方面各个击破，目的是为广告主打造品效合一的营销价值。

（三）新场景

爱奇艺的"新场景"包括四端，即手机、平板电脑、智能电视、电脑。特别是智能电视，奥维互娱数据显示：目前智能电视的规模超过2亿，而且在各线城市的环比增幅仍处在高增长区间，智能电视平均观看时长超过2小时，开机时间超过4小时，可见，智能电视在家庭场景中的活跃度呈现上升趋势。

爱奇艺对这四个端口进行了全方位布局，通过全面覆盖四大内容端口形成了两个场景：个人娱乐场景与家庭休闲场景。不同场景能为不同品牌、不同产品形态提供较高匹配度的营销方案。"四端双场景"是爱奇艺区域品牌解决方案的内核，即在保证品牌营销传播广度的同时，通过对家庭场景的渗透，使品牌营销的影响深度得到有效提升。

（四）新联动

通过"新联动"激发更多用户的互动参与是爱奇艺独有的优势，特别是对区域品牌来说，更是一大机遇。"新联动"通过线上和线下两端来激活更多用户参与互动，为品牌提供丰富的线上线下营销场景。

互动营销是通过一种交流沟通或者行为互动的方式去了解、挖掘用户，并让用户主动接受营销信息，提升用户黏度与忠诚度。

前几年大火的综艺节目《中国好声音》，四大导师的"相爱相杀"十分吸睛，吸引了众多粉丝的关注，不少粉丝希望能在爱奇艺上看到导师精简版剪辑，爱奇艺便通过二次制作，推出名为"175天团"的节目，将导师花絮、斗嘴场景等精彩内容进行剪辑后推出，让粉丝们大饱眼福，直呼过瘾。

爱奇艺为粉丝定制节目的做法，瞄准的是用户，在满足用户需求和体验的同时，充分展现了平台的资源价值，使粉丝互动营销达到新高度。

再以"盛典活动"为例，爱奇艺利用尖叫之夜、青春盛典、动漫游戏嘉年华等线下IP，覆盖了拥有不同兴趣的人群，为区域性品牌创造了沟通场景，并且区域性品牌还可以通过线下活动参与，配合线上营销，从而将品牌影响力延伸到全国，大大提升品牌知名度。

（五）新联盟

现在不少企业并不缺少优质的流量，而是缺少营销能力。爱奇艺通过建造"新联盟"的方式，帮助企业实现流量变现，为广告主提供了更高的价值。

传统联盟是指爱奇艺持续在移动端深耕。那么，什么是"新联盟"呢？比如，在智能电视端，具备高价值流量的企业包括各大厂商、运营商以及某些偏传统的企业，爱奇艺拥有自身的数据优势和技术优势，通过和这些高价值流量的企业强强联合，利用丰富的激励互动方式，来构建流量变现模式。传统联盟在移动端是"效果为主、品牌为辅"，而新联盟的智能电视端则是"品牌为主、效果为辅"。

因为受到新冠肺炎疫情的影响，广告行业受到了很大的冲击，迫使不少企业将注意力转移到了线上。由于爱奇艺能在智能电视、电脑、手机、平板电脑、智能音箱、车机等多场景上触达新用户，能够在自有流量的基础上打通品效，所以能够大大提升广告转化效果。此外，随着移动端和智能电视两大联盟的组建，爱奇艺的营销布局正在从生态内部扩展到生态之外。

　　新内容、新理念、新场景、新联动、新联盟，爱奇艺拥有的这五大新势能，将持续提高平台营销价值，未来爱奇艺将与更多的企业合作，共创营销新模式，产生更多的生意。

京东的全链路营销

现代营销之父菲利普·科特勒有这样一句名言："如果五年内你还以同样的方式做生意，那你就离关门大吉不远了。"市场环境无时无刻不在发生着变化，故步自封、因循守旧的做法，必将被市场淘汰。

因用户触媒越来越碎片化和获客成本持续上涨，品牌和商家纷纷陷入了营销困局。如何破解这一困局，成了品牌和商家需要共同面对的难题。在2020年"618"前夕，"京东营销360"推出了全渠道场景化商业产品解决方案，为解决品牌和商家们的营销困局开辟了一条崭新的探索之路。

（一）什么是"京东营销360"

京东集团副总裁颜伟鹏博士如此解释："京东营销360是一个全时、全维度的营销体系，以京东营销4A模型［认知（Aware）—吸引（Appeal）—行动（Act）—用户（Advocate）］和4E营销方法论［开发（Evolve）—执行（Execute）—衡量（Evaluate）—改进（Enhance）］构成的一个16格矩阵，其中包含了各种营销、广告、数据产品。"

京东营销360解决了营销中的碎片化问题，其全渠道场景化的解决方案呈现出"全渠道、全场景、全链路"的营销方式蜕变。

1. 全渠道

全渠道是线上、线下渠道的资源共振，京东线上拥有3亿以上的活跃购物用户，通过"京X计划"（京东从2015年开始布局的一个合作计划，包括京东与腾讯、今日头条、百度、奇虎360等合作伙伴分别推出的京腾计划、京条计划、京度计划和京奇计划等），京东和国内互联网的头部公司合作，用户覆盖了我国绝大多数网民。

这次京东营销360重点覆盖线下渠道，接入了超过数百万的线下优质媒体资源。比如，京东在社区电梯媒体领域的数量上实现了全国第一，占据了近60座城市资源，触达的家庭达到2亿。值得称道的是，京东采用电梯智能屏的新颖形式，最大限度地吸引用户的关注。

2. 全场景

全场景是指渠道带来的用户场景的全覆盖。场景是指用户使用产品的典型场合，在移动互联网时代，用户场景变得越来越分散，如何触达用户，覆盖更多的用户场景，是亟需解决的问题。

京东营销360不仅打通了购物、娱乐、社交、搜索、咨询等线上营销场景，还对社区生活、地标商圈、交通出行、校园办公、消费娱乐等用户经常接触的线下营销场景进行覆盖，实现了对用户场景的全面覆盖。

3. 全链路

全链路是指覆盖用户购物的全链条，从品牌角度而言，包括识别、触达、转化全路径；从用户的角度来说，包括用户购买前的决策过程、购买中的比较、购买之后的体验等全流程。京东营销360可以帮助商家和消费者建立起多触点连接，并借助消费者的行为数据，让商家更加精准地对用户进行营销。

（二）京东营销360的价值

京东营销360能为品牌和商家带来怎样的价值呢？关于这一点，可以从识别、触达、转化的路径角度来探讨。

1. 识别

如何才能在众多的消费者中找到品牌和商家的目标用户呢？这需要借助数据对用户进行深入的洞察和甄别。多年来，京东积累了数亿活跃购物用户数据，并和国内互联网的头部公司合作，打通了社交、资讯阅读、视频娱乐等多个场景，构建起京东营销的大数据生态体系，建立起完整、立体、精准的用户图像，实现更好地识别用户的目标。

比如，京东营销360有一个R.F.M模型，通过一个用户最近的消费行为（Recency）、消费频率（Frequency）以及消费金额（Monetary），将用户分为8类，然后根据不同类别的用户分别采取有针对性的营销策略。

2. 触达

将目标用户识别出来之后，接下来就要占领传播渠道与用户触达场景，使目标用户在营销场景中完成品牌认知，激发用户品牌意识的觉醒。在触达环节，京东营销360实现全渠道和全场景的覆盖，提高了触达用户的质量。

除了实现线上精准触达外，京东营销360可借助LBS（Location Based Services，基于位置的服务）定向功能，在地图上对资源点位实现可视化呈现，从而让广告主能够多维度地筛选人群。选定资源位后，广告主还可以对潜在用户进行投放前预估，从而让商家和品牌方最大限度地实现用户精准触达。

3. 转化

转化主要指对营销效果的评估，只有能够对营销效果进行评估，才能不断地对营销策略进行优化，从而提升转化率。

从流量运营到买家运营已是大势所趋，如何处理好品牌和买家之间的关系，是非常重要的。京东营销的4A模型清晰简明地界定了品牌与买家关系层层深入的过程，为了帮助品牌和商家充分了解买家资产，京东推出了买家资产管理平台"数坊"。该平台依据买家在京东全域甚至是在站外发生的行为，将每位买家归入具体的某个层级，具体的划分标准如表3-1所示。

表3-1　层级划分标准

层级	特点
认知人群	具有被广告曝光、浏览品牌的行为
吸引人群	具有持续浏览、搜索、关注、加购、咨询客服等体现了买家主观兴趣的行为
行动人群	具有购买、评价、使用京东售后等行为
拥护人群	具有复购、好评、回答提问、推荐、社交传播等体现买家对品牌的喜爱与推广行为
未认知或竞品人群	完全与这个品牌没有发生任何关系

当然，每位买家所属的层级不是固定不变的，它会随着品牌和买家之间的营销互动而发生变化，体现了买家与品牌关系流转的变化。

数坊能够帮助品牌对营销效果进行复盘，追踪和分析每个链路上的转化效率，从而优化后续投放。并且投放过程中的数据能够被长久保存下来，为后续的运营提供帮助。

值得一提的是，京东营销360的AB对照测试（两套方案同时投放），能对广告投放的转化效果进行有效的评估，让广告主清清楚楚地计算投入与回报的产出比。

总之，京东营销360为商家和品牌带来的价值主要体现在三个方面：精准识别、高质量触达、高效转化。

抖音、快手的链路营销

在短视频领域，抖音和快手是其中的佼佼者，它们的流量特点是使营销链路变短了。短视频全链路营销策略包括三个部分：锁定用户注意力的内容前链路，激励用户完成购买行为的转化后链路，通过粉丝运营等沉淀下来的私域营销空间。

在内容前链路阶段，通过贴近用户生活场景且符合平台和关键意见领袖定位的垂直内容，吸引用户的注意力，刺激用户的消费欲望，然后对用户进行引导，促使他们完成购买、下载、点击、表单填写等转化行为，最后通过对粉丝管理、社群运营等，对私域流量的价值进行再挖掘，从而获得持续且稳定的目标用户群体。再营销示意图如图3-2所示。

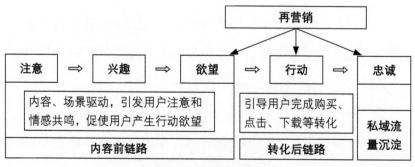

图3-2　再营销示意图

短视频全链路营销生态是一个包括了短视频内容生态、消费转化生态以及粉丝私域流量生态的营销闭环。它以内容为主要锚点，通过娱乐化、碎片化的内容来吸引用户的注意力，然后借助高质量的内容来渲染气氛、带入情感，并在此过程中巧妙地将营销信息植入其中，有效刺激用户产生消费欲望，引导用户进入转化环节。在用户完成购买环节后，营销并未结束，而是进入到最后一个环节，即通过社群管理、粉丝运营等手段，对于那些观看过内容或者完成购买行为的精准用户进行沉淀，为下次营销奠定良好的基础。短视频全链路营销生态图如图3-3所示。

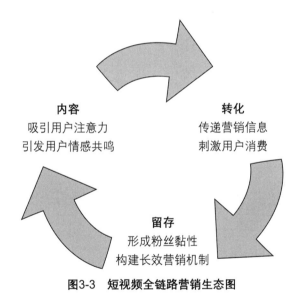

图3-3　短视频全链路营销生态图

无论是抖音还是快手，经过几年时间的发展，内容格局也在悄悄地发生着变化，即从过去的民间素人网红聚集地向KOL孵化中心过渡。因短视频是以UGC内容（User Generated Content，用户原创内容）和民间网红为基础的，导致营销环境缺乏品质感，因此常被行业所诟病。

从2020年开始，短视频平台开始引入专业内容和明星流量，大大提升了营销环境的品质感。比如，抖音平台在2020年推出"明星爱DOU榜"，引入大量的明星流量，抖音入驻的明星越来越多，使该平台无论是专业度还是品质感，都得到了极大的强化，由此受到了越来越多品牌广告主和商家的青睐。

（一）抖音的"TRUST"营销策略

2020年"618"期间，字节跳动正式成立以"电商"命名的一级业务部门，来统筹公司旗下抖音、西瓜视频、今日头条等平台的电商业务运营。同年10月，抖音切断第三方外链，开发自己的电商商城抖音小店，大力推广商家使用，开启抖音电商生态闭环发展的开端，同时也使抖音的转化率更加可控，进一步缩短了营销链。

抖音平台采取的是"TRUST"营销策略，具体操作流程如下。

第一步：Target——聚焦精众平台。

锁定用户碎片化时间与多元消费场景，利用垂直的高质量内容聚焦用户和场景，实现精准触达。

第二步：Relation——建立关系。

通过高质量的内容连接用户，建立起有效沟通的通道，增强用户的信任感。

第三步：Update——升级、创新传播内容，与环境共生的创意。

通过人工智能为内容创新赋能，打造和环境共生、能引起用户共鸣的原生内容，从而与用户进行深度沟通。

第四步：Share——持续影响，科学排期。

明星、达人（活跃用户）引领分享，促进全民参与，实现品牌声量的裂变。

第五步：Transform——转化。

建立转化生态体系，促进用户口碑传播和消费行为的转化。

2020年4月18—19日，抖音联合"黑龙江省农业农村厅"及明星、达人，开展了龙江大米系列活动——黑龙江大米"范"儿。黑龙江大米"范"儿的活动数据显示，该活动预热视频播放量达到了63万次，两场直播的累计观看人数达19万以上，在直播当天，五常大米和响水大米直播销售总额达136万元。

这次活动的成功开展源于抖音对直播带货链路的清晰布局。首先，从事件营销开始就对站内贡献曝光；其次，利用多元化的内容使消费者对产品建立起认知，然后通过达人的流量提升话题热度；最后，厅长、市长在直播间内助力，激发消费者下单成交。

在建立认知环节，明星、达人对龙江大米亲自烹饪测试，用说明书式的示范方式进行内容"种草"，消费者可以通过镜头了解龙江大米的绿色健康和极佳的口感，内容中既有对不同种类大米的对比测评，也有米饭的多种做法，为消费者全方位地展示了龙江大米的独有品质。

此外，抖音站内根据不同大米的特征、地域等进行子话题规划，使内容能够在站内得到充分的传播。比如，针对龙江大米推出的#地道龙江米#话题，针对牡丹江市的响水大米推出的#响水好米#话题等。

最值得称赞的是，这次活动请市长坐镇直播间，不仅满足了消费者的"猎奇"心理，带来了流量，还增加了品牌的信任度。

（二）快手：RISE全链路营销模型

快手的RISE全链路营销模型强调合理运营公私域流量，利用直播间的直接参与、共鸣以及实时效应，促使用户从前链路向消费后链路转化。其中，"短视频+直播"构建以"前链路"为核心的转化闭环，"直播+电商"构建以"后链路"为主的转化闭环。具体流程如图3-4所示。

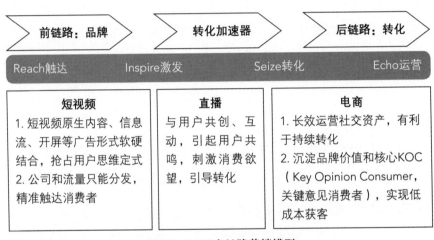

图3-4　RISE全链路营销模型

磁力聚星是快手官方唯一的达人生态营销平台，该平台通过连接客户和快手达人并提供智能便捷的商业服务，来满足客户全方位营销需求，实现品效合一，同时助力达人内容实现商业化变现。

磁力聚星为捷达汽车量身定制了营销方案，该营销活动分为以下三步。

第一步，歌手周传雄亲自改编、演绎的合作作品《有梦皆达》，首发于快手平台，立刻引发了用户的共鸣。2021年是捷达在我国面世的三十周年，同时也是歌手周传雄出道三十周年，因歌手的创作和经历与捷达品牌历史高度契合，歌手粉丝画像和品牌目标消费人群也高度重合，所以，方案将音乐圈与汽车圈进行了高度联结。

歌手周传雄除了演唱歌曲《有梦皆达》之外，还参与了捷达官方TVC（电视广告片）拍摄，对内容进行深度共创。此外，磁力聚星通过旗下服务商，为《有梦皆达》这首歌曲打造了覆盖全网的传播方案，入库快手音乐、酷我音乐、QQ音乐等六大主流音乐平台，并分别在微信、微博平台进行传播。

通过以上一系列操作，将捷达与周传雄、用户三者进行深度捆绑，增加了品牌印象与好感度，进一步拉近了品牌与用户之间的距离。

第二步，磁力聚星为捷达定制乘风破浪三十年魔法表情挑战赛及"请查收，专属你30年的记忆"主题互动H5（网页），大大延展了用户触达场景，以建立消费者的认同感。

磁力聚星推荐30位在年轻群体中有影响力的创作者，建立泛汽车圈创作者矩阵，通过话题营销、互动H5、"种草"等形式，打造品效合一的全链路营销场景，并配合开屏、搜索阿拉丁、EyeMax、话题页banner（网页导航图片）、发现页banner、热门推荐等系列资源位，为魔法表情挑战赛及主题互动H5造势引流。

据统计，此次活动话题在快手站内收获1.4亿次播放量，共征集到1.2万支作品，全网总曝光4.24亿次。

第三步，通过前两个阶段，将吸引来的高好感度用户转化成品牌粉丝，并将品牌在平台上做的一系列活动沉淀为品牌的自有资产。

美团的全链路探索

由于经济形势的变化，消费者的消费心理、消费行为、消费方式都发生了很大的变化，消费场景也从过去的线上或者线下的单一场景向跨行业、跨领域的全场景转变，尤其是特定的场景更容易引发消费者的情感共鸣。

为了促进品牌的新增长，美团提出了基于Food+X场景营销的"新飞轮新增长"营销理念，大众点评商业化部市场总经理吴获对此解释道："新飞轮用一句简单的话来说，就是把品牌的产品融入到平台的整个链路当中，融入到商户对用户的服务当中。"

美团点评高级副总裁、到店事业群总裁张川介绍，"新飞轮新增长"营销理念实践的前提有两个。其中第一个是以"Food+X场景营销"为基础，美团点评是"以吃为核心"的公司，如何发挥"Food+"的优势，帮助品牌更好地做营销，为消费者提供更好的服务，这是一次全新的探索与尝试。这不同于传统的"餐+饮"式搭配，而是让不同品类之间产生交集，这既有利于服务品牌方，创造新的商业价值，又给消费者提供了别样的消费体验。

美团点评，作为我国领先的生活服务电商平台，其在产业端，即在零售、供应链、支付工具、营销管理等方面实现了深度的产业全生态链接；在消费者端，美团点评实现了"吃住行游购娱"的全场景闭环。

比如，美团点评与华润江中集团合作，进行"Food+江中消食片"的营销模式。江中消食片是一款保健品，消费者以前常常去药店购买，现在美团点评将江中消食片融入火锅店对消费者的服务中，为什么要在火锅店植入江中消食片的体验与购买场景呢？这与消费者的用户需求场景和用户的思维定式有关。火锅吃多了，很容易引起肠胃不适，但在美食面前，有多少人能抵制得住诱惑呢？消费者在吃完火锅后，火锅店送上一盒消食片，会让消费者倍感温暖和贴心。如此一来，消费者就没有了吃火锅之后肠胃不适的后顾之忧，火锅店则提供了增值服务，可谓一举两得。

"Food+"就是要充分发挥想象力，在更多的细分场景中，既要建立用户认知，又要达成销售，尤其是快消品，在建立品牌认知之后，若在一小时内没有产生销售转化，品牌建立的认知就成了过去时。这与过去的营销手段不同，过去是一味地投入大量的广告，做大量的社会化营销去引导用户关注，可一旦真正到了消费环节，消费者往往又会被各种各样的商品所干扰和营销，又需要做决策。"新飞轮新增长"的新营销理念是把消费行为认知的建立和消费动作的转化建立于链路之上。

美团点评从吃开始，经历信息平台—交易平台—履约平台三个发展阶段，逐步形成具有海量用户、商户及高效履约能力的超级平台，这是实践"新飞轮新增长"营销理念的第二个前提。

美团发展的第一个阶段，做的主要是信息分类检索，即信息曝光，大众点评将商户、服务的内容展现出来，用户通过搜索大众点评上的信息，方便地做出辅助决策。

美团发展的第二个阶段，平台、商户和用户之间的连接更加紧密，平台提供了团购、交易等服务内容，用户在平台上所做的事情不仅仅是搜索信息，还可以通过平台购物，实现了用户和商户真正的连接。

美团发展的第三个阶段为履约服务，如闪购、外卖等，这是更深度的服务，履约服务大大提升了互联网平台的体量、估值、服务半径以及服务能力。履约能力的构建是美团能够开展各种营销玩法的基础，当然，履约能力也与平台多年来发展积累的大数据息息相关，如到2021年12月31日，美团拥有527万名外卖员、6.9亿年度交易用户、880万的活跃商户，以及2800多个县市的覆盖面。

平台上的众多用户和商户，为美团做跨界营销奠定了基础，由于交易用户和浏览用户的属性是不同的，平台能够帮助品牌融入消息检索、决策、购买、消费及配送的整个链路之中。

比如，"Food+绿箭"的营销模式，在过去，口香糖是一种休闲食品，也是生活出行常备的单品之一，现在口香糖的消费需求、消费场景、消费方式一直在发生变化。绿箭为了实现品牌的增长，与美团点评合作，在到店和到家两大通路上挖掘Food+绿箭"餐后清新"新消费场景，无限放大"口气清新"的品牌卖点。美团点评的实时配送和高效履约，使用户消费绿箭时的购物体验和购物感知时效性更强，让用户将消费行为逐渐培养成习惯，使用户认同"餐后嚼绿箭，清新更亲近"的理念，并养成通过美团来购买绿箭的行为习惯。

闪购、外卖等消费形式深受年轻消费群体的欢迎，消费者的购买场景在不断地发生变化，人们从传统商超购买口香糖的情况越来越少，迫使绿箭开辟新的零售场景。在美团点评平台上，有880万家活跃商家，日活跃外卖骑手超过100万名，平均30分钟的配送时长，使得美团点评平台具有高效履约能力，可以为绿箭开辟新的渠道通路和全新的销售场景。

美团点评利用自身在B端商户（企业用户）的影响力，帮助绿箭开拓在餐饮渠道的售卖，联动B端商家，定位上海和重庆这两座城市，选出60家火锅店、烧烤店等餐饮商户，参与绿箭"餐后清新"主题店铺的打造，通过与商户联动和即时配送的履约能力，为绿箭拓展了营销渠道，使用户心智的构建得到强化，为绿箭的增长创造了新的机遇。

总之，美团点评可以将不同类型的品牌、商户和用户进行连接，从而推动品牌跨界、渠道跨界、用户跨界，这是一种新的交易方式。Food+×将不同类型的商户开发成为品牌全新的营销场景，这需要脑洞大开的创意。因为这不同于以往的精准营销，所以当营销场景化之后，只要在当下场景中，符合消费者的消费动因，满足其当时的需求，就有可能完成用户转化。

优酷的IP全链路营销

近年来，随着抖音和快手等短视频平台的迅速兴起，人们对短视频的热爱程度也随之爆棚。中国互联网络信息中心（CNNIC）发布的第49次《中国互联网络发展状况统计报告》显示，截至2021年12月，我国网民规模高达10.32亿，互联网普及率为73.0%，有90.5%的网民使用短视频应用。

在用户与市场双双发生变数，长视频行业集体不被看好的情况下，IP营销面临巨大的挑战，优酷也有"掉队"的可能。那么，如何寻找突破和创新的道路呢？

媒介迭代，短视频迅速崛起，一飞冲天，长视频是否还有存在的价值，能否与短视频争得一杯羹呢？这是优酷首先要考虑的问题。

毋庸置疑的是，长视频依然有存在的价值。一方面，因为文娱内容属于精神产品，在价值属性上有着得天独厚的价值，容易唤起人们的情感共鸣，是品牌表达的最好武器。另一方面，IP是话题制造机，一句引人深思的台词、一个性格鲜明的角色，可以使不同年龄、不同爱好、不同圈层的用户获得代入感，能够引发全民观看、全民热议，从而使附着在上面的品牌获得极大的关注。

此外，高品质内容是超级流量的入口，影响力不仅限于播放平台，还会渗透到用户的生活之中。虽然如今媒体环境发生了很大改变，信息从之前的多元化到碎片化，再进入粉尘化时代，各种各样的新闻如同粉尘一样，每天都在用户身边掠过，但却很难让用户记住什么。IP则成为贯通品牌全链路的线条，将前端流量拓客、中端私域经营以及后端转化沉淀串联起来，这是盘活全域营销的关键所在。

优酷要破解的第二个难题是内容的流量流向哪里。众所周知，IP营销要以内容为本，精品剧始终是平台和广告主的共同追求。那么，什么样的文娱作品才能既实现社会价值，又实现商业价值呢？坚守主流价值观是第一准则，"正能量才是真流量，一定要走正道，路走对了不怕远"。优酷始终坚持通过精品来传递正能量。

在内容策略上，优酷进一步加强与北京卫视、天津卫视、东方卫视、浙江卫视、江苏卫视等各大卫视的融媒体合作，持续打造富有正能量的精品内容；在剧集方面，优酷推出了《冬日暖阳》、《女心理师》、《小敏家》、《情满九道弯》等现实题材的影视剧作品；在人文节目方面，优酷推出《闪耀吧！中华文明》、《奇妙之城》（第二季）、《不要回答》、《想要问问你敢不敢》等作品，以突出真实的力量，呈现文化的温度；在综艺方面，优酷推出《麻花特开心》、《不一般脱口秀》、《象牙山爱逗团》（第二季）、《了不起的舞社》、《追光吧！》、《这！就是街舞》、《金星秀2022》等节目；在动漫方面，优酷继续打造新国风品牌，推出100多部作品，如《冰火魔厨》、《神墓》、《秦时明月极致版》、《诸天记》等，激活传统文化，让国漫热起来。

IP营销如何从流量模式升级为生意模式，这是优酷需要破解的第三个难题。让IP全链路营销标准化落地，实现品效合一，是破解该难题的关键。数字科技的发展，颠覆重构了时代，品牌营销模式也掀起了革命的浪潮,企业不再满足于在某个特定场景或者某个链路里的单次营销,急需进行全面布局,深度打通全链路,进行持久的经营。

在几大长视频网站中,优酷的实力最强劲,具备帮助品牌营销从流量模式升级为生意模式的能力。优酷商业化运营总经理邓一飞介绍说,2020年,优酷以内容IP为原力,深度打通电商、新零售资源,通过用户平台资源通、链路通、三方数据通实现了IP全链路营销,从而实现了将文娱带入生意场的目标,使品牌营销展现出全新活力。

在热播综艺节目《这!就是街舞第四季》中,优酷和某快消品牌进行合作,将淘系人群、观看节目的用户、品牌人群数据三方打通,开发摇一摇、一键订阅等互动产品功能,将节目观众转化为品牌粉丝,节目开播仅两个月的时间,该品牌天猫官方旗舰店的订阅粉丝增长率超过了200%,小程序互动人次达到了2000万次,成为淘宝排名第一的小程序,进店人数和成交金额的增长率分别超过了300%和100%。

勇闯天涯SuperX是一款年轻人喜欢喝的酒,优酷与该公司(华润雪花啤酒公司)的合作选择深耕O2O场景的方式,一方面通过饿了么平台上的超品日,使该品牌在平台上的营销取得了巨大的成功,另一方面通过牵手汉堡王、小龙坎等品牌,完成异业合作。其中,勇闯天涯SuperX和汉堡王的"街舞联名套餐"在汉堡王门店取得了不俗的销售业绩,在活动期间,品牌O2O渠道销售环比增长率超过40%,其中30岁以下的年轻用户占到了消费人群的85%。

在综艺节目《女演员》和《追光吧!哥哥》中,优酷的营销也取得了巨大的成功。《追光吧!哥哥》的营销借势IP热度,帮助合作品牌抢占盒马门店稀缺堆头资源位,然后以快闪互动等方式来激活用户体验,让品牌实现了在高价值渠道的销售增长。

ABC品牌则通过综艺节目《女演员》的身份合作联动天猫小店B端、C端（消费者），以人们对IP的信任为背书，让B端店主对进货充满信心，从而带动近7000家门店进货，然后通过小店POS屏曝光活动信息，以及发放优惠券，来鼓励C端购买，最终结果非常喜人，达到了超11倍的门店消费人数增长，并且新用户数量占到了85%。

优酷的IP全链路营销不仅有助于品牌提升价值，与更广泛的用户建立起连接，还能借助数据、电商、新零售帮助品牌沉淀数据、会员、渠道等核心资产。如今IP全链路营销已经成为品牌持续增长的强劲动力之一。

不管在哪个时代，精神需求都是人类的必需品，优势内容永远都会是用户的刚需。精品IP必将成为品牌打通人、场、货的最佳武器，但要取得佳绩，只有创新更多的营销玩法，才能为品牌带来新的营销活力和增长点。

第四章
链路营销的三项原则

原则一：链路不能断裂，要环环相扣

链路营销会把消费者从第一个广告触点到完成购买的整个过程像链条一样连接起来，最终形成一条通路。相对于传统的整合营销，链路营销更注重经营用户，形成环环相扣的营销链条，贯穿在用户购买的每一个环节之中。

链路营销的好处在于，可以让企业实现品效合一，也就是让企业在做营销的时候，既能看到品牌的声量，又能看到效果的销量，产品要带动品牌声量的提升，同时品牌推广又要促进销量的增长。

进行链路营销时，要把握三个原则：一是链路不能断裂；二是链路要尽可能短一些；三是实现线上与线下的体系互通。这一节先讲第一个原则——链路不能断裂。

可以把链路理解为一个环环相扣的链条，在一根链条上，如果有两个环没有扣在一起，链路是断裂开来的，那么，就意味着我们的用户会流失。随着互联网的兴起，AISAS营销模式取代了AIDMA营销模式，这在当时看来是一种进步，但如今我们回过头再来分析AISAS营销模式（如图4-1所示）时，会发现它的营销链路是割裂的。

图4-1　AISAS营销模式

假如我们做A品牌学习机的销售，如果用过去的AISAS理论营销，其过程是这样的：

第一步，消费者在某平台上看到了A品牌学习机（Attention）。

第二步，消费者有购买学习机需求时，便在相关论坛上浏览A品牌学习机的相关参数，得到了一次试用的机会（Interest）。

第三步，消费者在网站上搜索不同品牌学习机的相关信息，进行优劣对比之后，发现A品牌学习机在近期会有较大的优惠力度（Search）。

第四步，上次试用之后，消费者留下了联系电话，导购员经常给他打电话，询问他是否决定购买，最终他决定购买A品牌学习机（Action）。

第五步，使用一段时间后，在某网站上，他看到A品牌学习机有偿邀请客户分享使用故事（Share）。

这条链路看似每一步都紧扣消费者的决策流程，实际上，每一步都可能发生断链，链路断裂就意味着用户的流失。比如，消费者在看过A品牌学习机后，没有留下深刻的印象，等到购买学习机的时候，完全想不起来A品牌，这时就可能购买其他品牌的学习机；该用户在网上搜索有关学习机的信息时，由于B品牌学习机竞价排名更高，于是就购买了B品牌学习机。

以往的链路多是一种理论链路，从消费者接触到广告到完成购买决策的链条步骤非常烦琐，而且耗时太长，使企业或者品牌主没有办法每一步都抓住消费者的行为轨迹。

有的营销链路在设计过程中，让消费者感到体验不好，导致消费者在某个环节断掉。比如，在一些营销软文中会插入产品的二维码，扫描二维码之后，不能直接购买，还需要复制口令，然后打开电商平台，粘贴口令后才能购买。很多消费者在扫描二维码之后，发现还需要继续操作，往往失去耐心，直接放弃了。由于在关键时刻"掉链子"，导致消费者流失，实在可惜。

下面列举几个实用的链路模板，供大家参考。

链路模板一：公众号吸粉。

该链路营销的目的是增加用户运营，具体步骤如下。

第一步，通过在公域触达，引导用户关注公众号，这是公域流量向私域流量转化的重要一步。

第二步，关注公众号后，通过添加企业微信、社群、个人微信，或者是公众号内添加小程序，抑或是关注后引导注册，完成私域留存。

第三步，添加企业微信、社群、个人微信后，可以进行沟通以促进转化；添加小程序可直接完成下单。比如，在公众号上可以添加小程序，消费者通过识别小程序，就能够直接下单购买；关注后引导注册，则可以让消费者升级为会员注册，这一步主要完成的是私域转化，如图4-2所示。

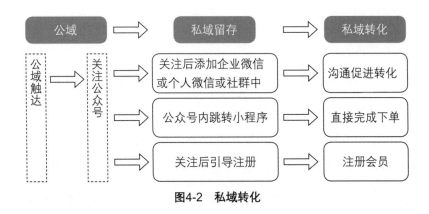

图4-2　私域转化

　　这种营销链路模板适合的企业类型包括传统品牌、线下交易场所等，典型行业有服饰、美妆、连锁餐饮、生鲜等。

　　链路模板二：直播带货。

　　直播带货是当下比较火的一种营销方式，可以快速完成成交转化，在具体操作时，包括以下几个步骤。

　　第一步，从公域流量向私域留存转化，其方式是通过公域触达，让消费者关注公众号或者企业微信导购。若关注的是公众号，一般会通过自动回复，向消费者推送直播小程序或者用欢迎语提示直播时间，开播前会有提醒，消费者就可以进入直播间了。若使用企业微信导购，则可以通过直接推送订阅来进行开播提醒，让消费者进入直播间，也可以将消费者拉入直播群，然后向消费者推送直播小程序，进行开播提醒，引导其进入直播间。

　　第二步，从私域留存向私域转化。这一步相对简单一些，消费者进入直播间后，可以直接点击下单，有的则需要进入并浏览商品详情页之后再下单。

第三步，私域留存。对于通过商品详情页下单的消费者，企业或者品牌商可以对这类优质用户进行深耕，为下次营销做准备，可以称之为私域沉淀。如图4-3所示。

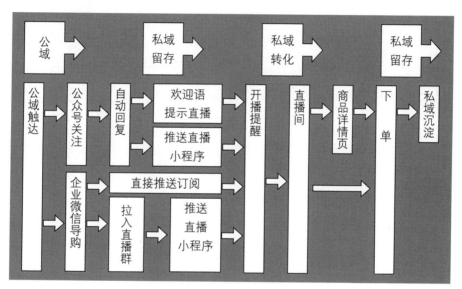

图4-3　公域流量到私域留存转化

这种营销链路模板适合的企业类型包括传统品牌、贸易经销商、线下交易场所等，典型行业有日化、美妆、服饰、母婴、商超等。

链路模板三：引流电商。

引流电商的链路营销主要包括以下两个步骤。

第一步，从公域流量到私域流量的留存，通过公域触达将用户引导到商品中间页或者活动中间页，进行私域留存。

第二步，完成私域留存到私域转化的过程，如通过主播直播间或者直接链接京东、苏宁易购的商品详情页，抑或是跳转天猫、淘宝的商品详情页，引导消费者完成下单购买，如图4-4所示。

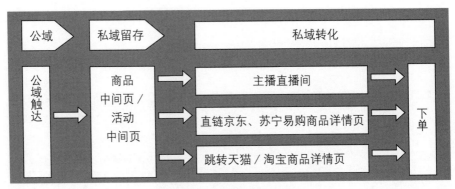

图4-4 私域留存到私域转化

这种营销链路模板适合线上交易场，典型行业有美妆、服饰、母婴、电商主播等。

原则二：更短链路才能更高效转化

想一想，20年前的人们，是如何被广告影响的呢？在电视上、路边的广告牌上、报纸上看到某品牌的广告，我们并不会只是因为看到广告，就立马购买商品，因为那时候广告与商场是分割开的，因此，企业会把广告信息精简成一段数秒钟的TVC广告片、一张海报，选择在恰当的时间和地点进行宣传推广，便于消费者记忆，使消费者到线下逛商场的时候，能够想起品牌，促成消费者进行消费。

后来，随着互联网技术的发展，网络购物逐渐成为一种时尚，人们足不出户就可以购买到心仪的商品。那么，人们是如何完成消费行为的呢？先是在电视、报纸、网络等渠道看到广告，当消费者对某品牌感兴趣时，就会在网络上对该品牌进行搜索，确定购买意向后，再去一些电商平台购买，完成交易。

现在有一种越来越流行的购物方式，即通过短视频平台进行购物。我们在看抖音、快手的时候，听主播介绍完产品信息，就可以立即点击产品链接，完成购买。

从消费形式的演变过程来看，有一个明显的特征——我们下单购物的时间和路径变得越来越短。因为在数字营销时代，广告与商场是一体的，广告可以所见即所购。比如，看到主播在淘宝上直播卖零食，我们可以马上点击购买；在抖音看到菜农直播收菜，点击链接一键购买，上午看到的直播，下午就可能收到了新鲜蔬菜。

过去商家打广告的目的是让用户形成思维定式，而现在则是为了对用户进行行为诱导。越来越短的营销链路，可避免消费者"夜长梦多"，商家能够在整个营销过程中牢牢抓住消费者的心理，不给消费者思考的时间，直接让他们行动起来，去完成购买行为。

"看到广告—直接购买"是最高效的营销链路，它省去了中间的步骤，加速了消费者的购买决策，但是这样的营销方式要求很高，需要使消费者在看见广告的同时就产生兴趣，从而降低他的心理防线，若能在购物的同时完成分享裂变，那就是"锦上添花"，是再好不过的了。

因此，商家在广告内容设计上必须从消费者的心理出发，去唤醒消费者的购物欲望，而不是围绕产品功能进行设计。限时优惠就属于这种情况，最为典型的就是拼多多"拼团"，它抓住了人性的两个特点：一是占便宜的心理；二是限时，前者激发了消费者的购买欲望，后者让消费者没有时间去考虑，需要立即下单。

总之，要缩短转化链路，营销广告就不要去给消费者灌输品牌理念，而是要唤醒消费者强烈的购物欲望。可是，在一些高决策产品中，比如房产、汽车等，消费者往往很难在短时间做决策。那么，针对这些产品，营销链路又该如何设计呢？我们不妨看看房企碧桂园是如何做的吧。

2020年，"世界500强"房企碧桂园进行了跨界直播的尝试。2021年，其再接再厉，在"5爱5家直播购房节"再创辉煌战绩。此次购房节，碧桂园在短短的10天时间里，就在凤凰云、安居客及天猫旗舰店三大平台出售了31605份购房券，仅在凤凰云小程序上，认购房源就达到了17827套，认购金额为143亿元。那么，碧桂园取得如此辉煌战绩的秘诀是什么呢？

（一）优惠力度大，吸睛十足

4月25日，碧桂园启动2021年直播购房节活动，这次购房节以碧桂园凤凰云小程序为核心，同时联动碧桂园天猫官方旗舰店、碧桂园安居客品牌馆，同步上线"5爱5家为爱安家"2021年直播购房节活动。这次活动碧桂园一次性推出了26000多套特惠房源，遍布全国近300座城市，包括别墅、洋房、公寓、商铺等户型。

不仅如此，在购房节期间，碧桂园凤凰云小程序每天会推出10套限量好房，共计100套，最低折扣5.6折，这些房子的楼层和户型都非常不错。此外，这次购房节还延续了2020年"5.5元最高抵5.5万元"的万倍膨胀购房券项目。

由于优惠力度大，立刻吸引了人们前来围观。

（二）明星助阵，气氛爆棚

此次购房节活动始于2021年4月25日，一直持续到5月5日。在5月5日晚间，明星大咖（某领域比较成功的人）助阵直播间，掀起了营销的热潮，包括著名演员陈数、知名主持人沈涛、综艺大咖傅首尔，以及地产大V（拥有众多粉丝的微博用户）刘德科，他们又为粉丝们和购房者们带来了更多的惊喜福利。

直播期间，大咖们与碧桂园的6位区域总裁一起探讨粉丝们关心的购房问题，给粉丝们传授购房攻略。大咖们还代表网友向碧桂园的区域总裁们争取更大的折扣力度，赢得了单套好房最低降价24.6万元的巨大优惠。

碧桂园的区域总裁们也十分大方，不仅向购房者派发了红包、购房券和礼品，对于那些在直播间成交的网友，还附赠了海岛游、云南双人游，以及家具大礼包等豪礼。

（三）打通腾讯全链路，营销方式推陈出新

碧桂园此次购房节活动借助微信，打通了腾讯旗下的营销资源，大家只需要打开微信，就可以通过小程序、微信视频号、表情雨、搜一搜等，轻松实现买房看房，简便易操作。拿表情雨来说，网友只要在微信聊天时提到"碧桂园""5爱5家""凤凰云"中任意一个关键词，就可以看到随机掉落的碧桂园表情雨，点击福袋，就可以获得现金红包、红包封面或者购房优惠券。

这种足够创新的营销玩法不仅营造了全民参与的氛围，还通过分享裂变让更多的人参与其中，大大提升了品牌的曝光度。当用户对品牌产生感知后，就可以通过微信"搜一搜"这个入口搜索"碧桂园"，跳转到"碧桂园凤凰云"微信小程序，进一步获得有关品牌与产品的信息，预约看房、下单买房，或者跳转到碧桂园官方视频号，观看直播和短视频。

通过对营销模式和内容生态的创新，加上借助腾讯平台，碧桂园2021年"5爱5家直播购房节"活动取得了巨大的成功。

原则三：线上与线下体系互通

一些品牌在数字营销的过程中，会丢失潜在的消费者。出现这一情况的原因，主要是因为没有保留消费者的数据和消费行为，从而失去了追踪消费者的能力。

（一）线上线下体系要实现互通

甲是某个品牌网上商城的会员，当甲在逛街时，看到了该品牌的实体店铺，他进去消费后，却发现自己无法享受线上会员的优惠券、积分等会员权益，这令甲很不高兴。同一个品牌却出现了线上线下互相打架的情况，这无疑会给消费者带来不好的购物体验。那么，就会导致甲在线上购买该品牌的产品，但是到了线下，他就会选择其他品牌的产品，无法培养其对该品牌的忠诚度。

对于品牌方来说，由于线上商城完全依赖一些电商平台或者第三方的流量资源，而无法在线下实体店将产生的线上流量资源很好地利用和转化，这是一大损失。现在用户的购买方式越来越多样化，品牌方无法全面、真实地了解用户的消费习惯和消费行为，对多渠道的用户进行数据整合，形成单一用户画像，也会给管理造成一定的困难。

实现线上线下体系互通，有利于整合沉淀用户数据，提升用户的购物体验。近年来，新零售正在逐渐重构商业格局。新零售是指企业以互联网为依托，通过运用大数据、人工智能等先进技术手段，对商品的生产、流通与销售过程进行升级改造，进而重塑业态结构与生态圈，并对线上服务、线下体验以及现代物流进行深度融合的零售新模式。

在新零售体系之下，品牌方与用户之间不仅是单纯的购买关系，还能变成可连接、可互动、可影响的关系。但是因企业拥有分散在线上和线下不同形式的数据，加之用户跨平台、跨屏幕的碎片化，导致品牌越来越难以捕捉用户的消费习惯和消费行为。这就要求企业具备完善的数据架构，从数据采集到管理，再到客户数据的打通，都是十分必要的环节，只有这样才能更全面地了解用户。而企业通过线上线下场景的打通，才能真正发挥全链路价值。

Babycare作为全品类的泛母婴品牌，旗下拥有包括小N、BCKID、Woobaby、Wiya等多个子品牌，产品覆盖母婴用品、童装、辅食、早教、女性用品等多个领域。作为设计师创立的母婴品牌，Babycare自打问世就因高品质、高安全、高颜值俘获了众多粉丝。

2019年，"双十一"购物狂欢节，Babycare首日全渠道销售额就突破了6亿元；2020年"618"年中大促，Babycare荣获天猫"618"母婴亲子品牌销售冠军。仅用五年的时间，Babycare就完成了从零到亿的跨越，成为天猫"亿元俱乐部"中的一员。在线上取得累累硕果之后，Babycare没有停下脚步，开始布局线下门店。在很多品牌受新冠肺炎疫情影响，日子过得十分艰难的时候，Babycare却实现了逆行，它是如何做到的呢？其秘诀就是构建零售全渠道，实现线上线下体系互通。

首先，Babycare进行了全品类集成化升级，打通渠道链条上的重要节点，将产品研发设计、供应链生产、仓储配送以及售后服务等体系进行整合，形成全链路管理，使消费者在线下门店同样能轻松实现产品体验、下单、付款等，给用户一个良好的消费体验，实现线上与线下购物体验的无缝切换。

其次，Babycare依托线上的品牌优势，加速品牌数字化、私域化进程，重点改善线下门店单一的经营模式，将线上线下不同链路渠道的会员体系与CRM（Customer Relationship Management，客户关系管理）体系打通，对私域社群运营、线上会员运营与线下用户行为数据进行整合，采取"线下门店导购引导+线上客服陪伴+会员社群维系"的模式，加强对用户的维护，提升用户的购物体验，增强用户黏度。

最后，Babycare与"熊猫遛娃"等母婴周边服务类品牌进行合作，为用户提供休息区、共享童车等周边服务，进一步提升了用户的消费体验。

（二）判断媒体数据能力支撑链路的两大依据

乙在某平台上读了一篇关于净水器的"种草"文章，读完文章后，他并没有点击文末的商品链接进行购买，而是去其他电商平台进行搜索，进行价格对比，然后在其中的一个电商平台购买了该产品。对于企业而言，它虽然获得了订单，却不知道这笔订单是怎么转化而来的，消费者购物行为路径是怎样的。如果乙在抖音上看到了净水器的广告，马上点击购买按钮，界面立刻跳转到了京东商城，那么，企业就能够清楚地了解用户行为数据。

这个案例提醒我们，不要想当然地认为用一个营销链路就能够打通全网，实现通吃，而是要在不同的媒体生态里面设计不同的营销链路模型。那么，怎样判断媒体数据能力是否能够支撑整个链路呢？其依据主要有以下两点。

一是媒体是否有"后链路"数据。"后链路"数据是指最终的市场端数据，对拼多多来说，就是APP的会员拉新和购物数据；对三只松鼠来说，就是天猫店铺的销量数据。因为只有打通了后链路的数据，才能更好地投放广告，包括广告内容的制作、广告的定位以及广告位置选择等。

二是媒体要有大量的"前链路"数据。"前链路"数据是指广告行为数据，包括广告的浏览、点赞、评论以及观看完成率等相关数据指标。只有获得的广告行为数据很大，才能使广告得到更好的优化。从这一点上来说，微信公众号就远不及今日头条，因为微信公众号每天只能群发一次，但今日头条却可以在一天里发很多条。

当然，每个平台都有自身优势，比如，字节跳动的前链路足够强，但缺少后链路数据；腾讯虽然后链路数据乏力，但是随着小程序电商的逐渐完善，它的零售链路生态得到了进一步的提升。

第五章
链路营销的四大连接

一是连接品牌心智

在过去，广告投放出去之后会取得怎样的效果，是很难预测的，因为品牌方与用户之间无法产生互动，不清楚用户对广告是喜爱还是厌恶。但在移动互联网时代，品牌方能够更好地与用户沟通交流，深入互动，从而更加了解用户的需求，更容易抢占用户的品牌心智。

成功的链路营销要完成四大连接，首先就是品牌心智的连接，即通过内容、社交、整合的投放工具，让内容更好地与用户共鸣，实现更有效、更低成本的触达。

（一）链路时代，营销内容要走心

精耕内容是搭建品牌与用户之间沟通的桥梁，激发情感共振，实现与用户共鸣的最佳方法。雷克萨斯迎来在华销量破百万辆之际，邀请演员王景春和陈数拍摄了一个八分钟左右的短片——《说不出来的故事》，作为献给百万中国用户的礼物。

短片中，王景春和陈数演绎了一对激情退去、生活回归平淡的夫妻，他们因各自忙于自己的事业，忽视了彼此，两人就像平行线一样，交集越来越少，甚至闹到了离婚的地步，但后来他们开始意识到问题的存在，于是重新审视平淡的生活，最终两人重修于好。

这个短片中的故事，其实每天都在以各种各样的形式发生在我们身边，我们总能从中看到自己的影子。雷克萨斯通过这个短片祝愿雷克萨斯的客户们将平淡生活过得灿烂。雷克萨斯ES系列的定位人群是中产家庭用户，该品牌借助短片传递了有温度的生活态度，车充当了家庭成员之间沟通的桥梁，这与雷克萨斯的品牌理念"有温度的豪华"是一脉相承的。《说不出来的故事》这部短片堪称教科书级别的品牌广告。

999感冒灵也是一个用精彩内容打动用户的典型案例，在那句"暖暖的，很贴心"的广告词深入人心之后，那支《有人偷偷爱着你》的感恩节反转催泪短片，进一步升华了品牌影响，让用户不仅关注产品功能，更能感受到999的品牌温暖。

那么，营销内容如何做到走心呢？关键是要戳到用户的痛点。泡泡玛特是一个用做内容的思路做产品的知名品牌，该品牌的成功源于它真正理解了Z世代群体（新时代人群）对二次元（动画、漫画等虚拟世界）和游戏的兴趣，并通过产品和文案将艺术与潮流融为一体充分地展现出来，其产品的高颜值以及集收藏和社交为一体的属性，使新生态群体一见倾心，根本无需过多地介绍。

（二）打通社交消费链路

2020年"双十一"，永璞咖啡销售额高达2100万元，位居天猫咖啡液类目榜首，全年销售额突破亿元大关。2021年的天猫"618"，永璞开售仅20小时完成的销售额就超过了2020年的"618""双十一"全程，同比增长近300%。

那么，永璞咖啡是如何做到一鸣惊人的呢？首先，永璞咖啡坚持产品即内容的战略，用精美的包装设计充分满足年轻人对高颜值产品的期待。

其次，打通社交消费链路，为永璞咖啡的腾飞注入了活力。

2014—2018年，在资金实力较弱的情况下，永璞咖啡将微博和公众号发起联名作为内容主战场，以满足生存的需要。2019年，永璞咖啡全面发力，面向微博、小红书、抖音、B站（bilibili网站）四大平台集中投放广告，进行推广宣传。

在内容形式上，永璞咖啡将微博作为官方活动出口，用全新的创意点燃网民参与的热情，同时配合活动抽奖加转发，使品牌曝光度在短时间内迅速得到提升，微博是品牌方和网友进行高强度互动的重要通道。除此之外，永璞咖啡将小红书作为品牌与用户联系的纽带，通过真实KOC"种草"分享，为品牌打造立体化形象；用抖音进行剧情开发，腰部KOL通过不同场景配合相应的剧情进行广告植入；以B站头部UP主（Uploader，上传者）带动腰尾UP主通过创意灵感，拍摄减压大片，进行富有生活气息的分享。

品牌营销的目的是赢得消费者的芳心，因此必须走亲民路线，不能以高冷姿态示人，品牌必须与用户一起互动，而不是自我陶醉，这样才能让用户参与其中，这才是最走心的营销。

（三）整合投放工具

单独选择一种营销工具，比如选择微信公众号或抖音等，就会导致部分用户覆盖不到，因此，整合投放工具非常重要。只有建立营销矩阵，才能大范围地覆盖到用户。下面我们就以天猫宝藏新品牌营销矩阵为例来讲一讲如何对投放工具进行整合。

一般来说，新品牌的成长要经历四个发展阶段，即初创期、成长期、进阶期、成熟期。新品牌在成长不同阶段对应不同的营销策略，简单来说，分为以下四个阶段：打造爆款—单品类击穿—多品类拓展—全渠道发展。

天猫拥有完整的全域营销解决方案，可以为处于不同阶段的新品牌的心智运营目标，提供针对性的解决方案，使新品牌加速不同阶段的心智建设。处于进阶期的新品牌Wonderlab是2019年创建的健康食品品牌，它在两年时间里成为家喻户晓的新品牌，它是如何做的呢？

第一，Wonderlab抓住了用户追求"养生保健"及信赖"科学配比"的上升心智，凭借自身产品的专业性，成功打造出减肥塑形的消费场景，从而迅速得到年轻用户的"芳心"。

第二，在心智组合上，Wonderlab采用的是"2+3"的组合方式，进一步锚定了"高颜值、便携简单、愉悦自我"的上升心智，进行横向品类拓展，其中包括益生菌、助眠软糖、玻尿酸软糖等，从而为年轻的消费者群体提供一整套的健康解决方案。

第三，Wonderlab与天猫IP进行联动，通过天猫宝藏新品牌单品牌营销活动官宣代言人，成功击穿粉丝圈层，并通过和喜茶跨界联名，进行跨品类拉新。此外，还通过UD（Uni Desk，营销工具）与品牌特秀聚合全域资源，覆盖娱乐、社交、音乐、短视频等用户场景，实现全域曝光，既扩大品牌认知，又提高品牌影响力。

总之，在天猫宝藏新品牌的帮助下，Wonderlab成功闪亮出道。

二是连接交易转化

连接交易转化与数据、商品、链路之间息息相关，能够实现整个交易从流量到转化，从交易闭环到留存数据的良性循环。其中最为重要的是链路的优化，在不同的流量类型和场景中，如何引流，在私域流量上如何让潜在用户进入社群，才能使私域流量与后链路管理做得更好，使品牌与用户之间的沟通更畅通、更温馨，这些都是非常重要的问题。

（一）360公司+AI：实现全链路的优化

在数字营销领域，AI一词的使用频率颇高，可以这样说，它已经渗透到数字营销的各个环节。360公司商业产品首席技术官胡宁认为："人工智能早就进入互联网广告的全业务链条，包括从媒介计划、媒介购买、创意投放到效果跟踪及优化等。"360公司将AI技术主要应用在AI驱动投放优化、AI驱动创意制作和AI驱动代入交互三大领域。

在AI驱动投放优化方面，360公司推出自己的OCPC（Optimized Cost Per Click）。OCPC是一种智能化的CPC广告模式，以转化成本为优化目标，以系统动态出价代替人工调价，让广告主把钱花在最有可能转化的流量上。

由于360公司拥有丰富的产品用户，通过对用户行为链数据的挖掘，可以产生数十万不同维度的标签，然后，通过广告主提供的种子用户，匹配或扩展出与种子用户高度相似的群体。此外，360公司也会通过独特的用户行为链大数据进行本地化和场景化的营销。

在AI驱动创意制作方面，360公司推出了智能商业产品——360达芬奇画布，该产品能够智能地制造文案、配图等，这对广告主来说是一大福利，可以让创意制作变得更加简单，只需要提交广告的核心要素，系统就会根据用户画像、当时的场景及用户当前的意图完成创意。

在AI驱动代入交互方面，360公司借助AI技术，与创意、场景实现有机结合。360公司应用人脸监测和关键点识别技术，制造了一个以AR游戏为互动形式的广告创意，通过对人脸识别来进行即时互动。

AI领域的技术积累和用户产品的数据收集和分析，使360公司在以"AI+大数据"为核心的营销方面拥有较大优势。

首先，在跨屏方面，360公司有丰富的PC（Personal Computer，个人计算机）产品和移动产品，可借助自行研发的ID（Identity Document，身份信息）追踪技术，将PC上的用户和移动用户进行关联，使广告主能够进行跨屏的用户追踪和广告投放。另外，360公司通过硬件和软件用户产品的有机结合，收集到大量的行为数据，从而创新出更多的营销玩法。

其次，360公司的广告框架已经能够做到完全的程序化，由此带来了显著的变现效率的提升。比如，商品推荐创意，"AI+程序化"可依据用户的喜好实时匹配最合适的商品，甚至可以做智能化的抠图，将商品抠出来嵌入创意里，真正做到了"千人千面"的广告创意。

（二）快手"优选A+"，优化后链路营销能力

快手"优选A+"是一款主要解决广告主对后链路营销目标诉求，尤其

是表单线索方面的创新产品。"优选"是指借助模型算法将能力优化，然后把广告推给符合客户场景的用户群体；"A+"是指能够增强品牌广告提升"Action"（行为）的能力。

目前汽车行业的广告主已将"优选A+"作为合约广告常规投放产品，除此之外，"优选A+"在教育行业、金融行业，乃至本地行业都有不俗的表现。在教育行业，广告主可选择表单填写用户链路短、提交成本低、价格低的产品进行投放，表单率可提升4倍，付费成本却能下降近80%，转化效果非常明显；在金融行业，"优选A+"发挥模型优化能力，提供多样的广告投放玩法，能够将线索成本降低90%；针对本地行业，"优选A+"结合广告主对地域定向的要求，发挥平台自有落地页搭建能力，制定合理的定向人群策略，提高转化效果。

总之，通过在不同行业、不同领域的投放，结果都验证了"优选A+"的产品能力，如果广告主能够掌握合约广告模式的投放技巧，搭配合理的投放方式，将有利于产品发挥出更大的转化价值。未来，"优选A+"将不断优化模型，使用领域将更加广泛，以满足客户对后链路营销的需求，提高整体营销能力。

（三）中国香港莎莎＋腾讯广告，形成增长新链路

在新冠肺炎疫情期间，传统美妆实体零售遭受到了不小的打击，纷纷转战线上渠道，化妆品零售集团中国香港莎莎通过小程序商城开启线上转型之路，并搭档腾讯，实现疫情期间的完美逆袭。

莎莎深耕线下经营多年，具有丰富的店铺会员和品牌粉丝，为线上发力奠定了基础。莎莎急需解决的不仅是提高品牌影响力，更重要的是找到

对的人，正确拉新，激活拉客，提高流量的投放效率。

于是，莎莎以小程序官方商城为核心，借助腾讯平台开展数字化精准运营，实现了科学选品，让对的产品遇到对的人。一方面，莎莎在管理小程序商城数据的基础上，依靠"腾讯有数"的商品分析能力，筛选出可以参与推广的产品；另一方面，在其数据体系基础上，莎莎借助腾讯数据洞察能力，全方位洞察目标人群，制定出精细化的人群策略，大大提高投放效果。

众所周知，冗长的转化链路，很容易导致客户丢失，为了促进莎莎的目标用户快速下单购买，腾讯广告帮助莎莎进一步缩短转化链路，减少落地页数设置，将用户从点击广告到进入下单界面的五步操作流程优化为三步，有效降低了下单成本和新客成本。

在这一链路中，莎莎将重点放在素材优化和爆品打造上。比如，将爆款设置为中间页首屏顶图，让消费者体验到更流畅的优惠券领取方式，以提升小程序的核销转化。

三是连接私域用户

链路营销除了因人而异的智能推送、交易链路适配的多样化外，连接私域用户同样重要。那么，什么是私域用户呢？比如，有10000人购买了某企业的产品，该企业若将这10000人加到自己企业的微信中，这就是私域用户。

提及私域用户，需要了解一个名词——私域流量。私域流量是指从公域、它域（平台、媒体渠道、合作伙伴等）引流到自己私域，以及私域本身产生的流量。近年来，私域流量一词十分火爆，自从2020年新冠肺炎疫情后，无论是线上店铺还是线下实体店商家，都在努力搭建自己的私域流量池，以达到反复利用，免费直接触达。

要想建立私域流量池，首先要将流量从公域流量引流到私域流量；其次通过运营活动和高质量运营内容促活；最后再通过社交传播、利益激励等手段带来订单形成转化，周而复始。这才是真正意义上的链路式营销。

（一）NIKE多条链路共同搭建私域流量池

NIKE通过打通全触点和全链路，实现了多条链路共同搭建私域流量池，具体操作步骤如下。

第一步，看点直播微信小程序，打造健身课程新模式。

首先，通过广告触达"至公众号连接小程序"。借助微信的数据洞察能力，通过banner广告将直播信息投放给健身人群，将用户引流到NIKE官方公众号，通过公众号直播入口进入直播间，该链路主要面向"非NIKE粉"，这样做的好处是，既有利于维护品牌原有的粉丝，又能为流量池注入新鲜血液。

其次，直链看点直播小程序，通过高品质的内容，实现私域盘活。

第二步，在小程序直播间首发全球新品。

在小程序直播间首发全球新品，这一操作打造了引流获客—直播带货—后链路运营的私域商业闭环，如此一来，不仅有利于引爆新品声量，也能带动销量转化。

1. 多渠道触达品牌核心受众人群

在公域流量方面，NIKE尝试小程序直播商业流量采买的全新模式。在直播即将开始前，会在多个腾讯生态APP，如QQ音乐、腾讯视频等平台，同时闪屏联动，为新品发布造势，从而在较短时间内引爆多渠道声量，触达品牌核心受众人群。

2. 私域流量入口向小程序直播间导流

NIKE+NikeRunClub两大官方公众号、社群、NIKE小程序四大私域流量入口同步向小程序直播间导流，引发用户关注，激活私域流量池。

3. 在直播过程中沉淀私域会员

在直播过程中，NIKE上线会员专属奖品和解锁券，激发观众注册会员，同时有专家在线为观众解答穿衣搭配问题，点燃了观众去添加企业微信号的热情，以实现私域会员的沉淀，为日后对客户提供服务和营销奠定基础。

第三步，打通IP内容后链路营销。

打通IP内容后链路营销主要从三方面入手：一是在腾讯视频综艺IP创

意中植入；二是在视频节目中设置小程序跳转路径；三是在官方小程序中设置互动小游戏。

第四步，NIKE和腾讯体育共建经典体育IP创新玩法。

比如，腾讯体育直播间边看边买、banner、闪屏联投广告公域引流；直播间直链NIKE小程序，带动新品转化；NIKE公众号、小程序、社群私域矩阵同步引流等。

（二）私域用户运营的关键点

大家都知道私域流量和私域用户的重要性，好不容易将公域流量引入私域流量，但这只是成功的第一步，接下来还需要运营好私域用户，这样才能让用户实现复购。私域用户的运营应注意以下几点。

1. 对用户进行分级

什么是用户分级呢？就是结合自身产品的用户结构，按照用户的行为习惯和特征，将所有用户按照价值从高到低的顺序进行分级，简单地说，就是将用户分出三六九等。我们平常说的新用户和老用户，或者沉默用户与活跃用户，就是一种用户分级的方法。

2. 通过积分体系增加用户黏度

现在很多平台都会用各种奖励来保持用户的活跃度，积分就是最为常用的一种方式，积分体系有助于提升用户黏度。比如，每天签到送积分，这是很简单的一种方式，可以轻松实现，用户就愿意去做。光有积分不行，还得让积分具有价值，即给予用户相对应的兑换奖励。比如，可以用积分兑换礼物、优惠券、抵扣现金等。

3. 让用户享受到福利与特权

送福利是很多平台都会做的事情，所以并不会让用户产生新鲜感，若能加上特权，就更好了，最好是能将特权与积分体系配合使用，如积累多少积分，就可以享受到怎样的特权，就像打游戏一样，达到什么样的级别，就能享受到怎样的特权，从而满足用户的虚荣心。

4. 通过营销活动活跃氛围

可以定期或者不定期地举办营销活动，来活跃私域用户的氛围，同时也能实现一定的销售目标。营销活动可以是线上活动，也可以是线下活动，比如签到、发红包、抽奖、地推等。活动形式可以多种多样，但要有创新，玩法要新颖，这样才能吸引用户参与其中。当然，做活动要有数据支持，才能评判活动效果。

5. 社群营销要有侧重点

社群营销最常用的工具有微信群、QQ群等。说起社群营销，其实是个老生常谈的话题，想要把它做好很难，但它又是运营核心用户最好的工具，既能增强用户黏度，又有利于活跃用户。

社群运营的重点不在于有多少人，而在于是否能把少量有价值的用户进行重点维护与运营。现在经常会有一些付费社群，有的费用不低，动辄上千上万元，对社群运营者而言，不仅能获取一定的收入，更重要的是可以筛选出高质量的用户，能够避免在无价值的用户身上浪费时间。

社群运营的精髓在于让用户运营用户，即口碑传播，当我们与用户建立良好的关系之后，他会养成在你的朋友圈或者公众号小程序里购买商品的习惯，还有可能介绍给他的朋友，让更多的人来购买我们的产品。

四是连接体验创新

营销若想成功，首先就要建立起与用户的连接。比如，菜农经常在学生们上学与放学的时间，在学校门口卖菜，其目的就是建立与接送孩子的家长们的连接，让有需求的人购买他的蔬菜，但这种连接是暂时的，一旦交易完成，连接就结束了。

再比如，我们在学校门口接送孩子时，经常有各类培训机构的推销人员向我们发放传单，有的会要求我们添加微信，之后就可以获得一份小礼物，小礼物对孩子们来说很有吸引力，不少家长为了满足孩子就会添加商家的微信。培训机构添加了家长的微信，就为后续的营销奠定了基础，他们会时不时地发送一些促销信息，或者与家长进一步沟通，了解对方是否有培训需求等。

相比较之下，培训机构与用户建立起连接的方式肯定要比菜农好得多，但这种添加微信的方式铺天盖地，到处都是，早已经让用户产生了厌倦，用户需要体验创新的连接，这就要求商家通过多样化的工具优化沟通体验。

所谓的体验创新连接，就是如何体现品牌与品牌之间体验的差异化。现在很多品牌都积累了大量的CRM，接下来急需解决的问题是提升客户资源的利用率，为用户提供更好的感知体验。通过体验创新，来满足客户对便捷、个性化的需求，从而增强客户的忠诚度。

（一）重构产品与用户的连接方式——完全去中介化

在新商业时代，掌握用户数据的能力成为与用户建立有效连接的必要武器，合理的算法和交互机制将直接影响连接的效率。从本质上说，重构产品与用户的连接方式其实就是提高产品与用户数据的连接效率。

比如，眼镜品牌Warby Parker会使用一种技术，与用户眼镜医师保持数据同步，这样一来，Warby Parker就能快速地拿到用户的眼镜度数等相关数据，从而在非常短的时间内生产出适合用户的眼镜。Bow and Drape是一家个性化定制女性服装的公司，该公司凭借自己供应链与服装制造商的优势，只需要较少的成本就能生产出独一无二款式的服装。

（二）借助创新工具，提升用户体验

几年前，Facebook便在News Feed广告中为一些广告商测试增强现实感的AR工具，人们可以在News Feed的广告中试戴、试用产品，比如眼镜、化妆品，而且操作非常简便，不需要用户另外启动其他应用程序。现在，丝芙兰、NIKE和华硕等品牌也已经在Facebook Messenger中测试增强现实感的广告内容。

随着科技的进步，Facebook将会在越来越多的领域使用AR工具创建虚拟环境。比如，使用AR工具创建虚拟更衣室，使更多的时尚品牌和用户受益，用户只要通过扫描自己身体测量出相关数值，就能看到产品穿在自己身上的真实效果。

不仅是服装行业，起亚汽车将允许用户在Facebook Messenger中定制个性化的KIA Stinger汽车；华硕也会使用AR Messenger广告来推广enphone 5，允许用户虚拟地试验新手机。

我国有一名创业者叫陈富云，他研发出了一个名为"数码试衣"的智能互联化服装营销模式。那么，什么是智能互联化服装营销模式呢？就是在酒店大堂、高档社区、步行街、商场、候机厅、茶楼等处设置门店，这些门店相当于数码试衣的体验馆。

消费者到了门店，站在智能终端机上，只需要两秒钟，机器就能完成对人体4800个坐标点的精确测量，提取相应的人体数据后，在终端机数据库中，自由创意组合，选择、设计、修改服装的面料、颜色、款式、版型等，就可以帮助消费者定制出称心如意的个性化服装。

最有意思的是，消费者在下单前，可以将选好的服装通过宽6米、高3米的高清晰仿真视频系统，将试穿的效果像照镜子一样显示出来。另外，消费者完成人体测量后，会形成特定的编码，只要消费者的身材没有发生变化，再次购买衣服时，就不需要在终端机上再次测量。

利用这样一番操作，商家就可以清楚地收集用户的各方面信息，有利于沉淀用户，为下次销售做好充分的准备。

（三）建立与用户的情感连接

现在的用户不再是大众用户，也不具有共性需求，而是圈层文化、独特的精神需求，要通过产品持续的内容生产来打动消费者，从而完成商家与用户的情感连接，并在此过程中寻找到用户的真实痛点，从而有利于产品的迭代升级。

比如，一些公司会提供在线客服服务，设计师可以与客户实时聊天，为消费者的购买决策提供帮助。还有一些公司会通过各种渠道与消费者进行沟通，以此来提升品牌的社交参与度，小米手机就是一个典型的例子。

小米开始做MIUI系统时，先是在网上搜集了所有对主流手机和安卓系统不满意的信息，然后对其进行数据分析，找出用户共性的痛点，再有针对性地改进。小米发布第一版测试时，将最初100个参与MIUI系统反馈最多的粉丝姓名放在了手机启动屏幕上，并称呼他们为"小米手机的 百个梦想赞助商"。这些人就成了小米第一批珍贵的种子用户，为小米口碑传播奠定了基础，接着小米借助小米社区、米聊论坛等渠道开始进行口碑传播，获得了大量的发烧友。

2013年，小米拍了部微电影，把100个珍贵的种子用户的名字印在了电影里的赛车上，名字就叫作《100个梦想的赞助商》。由此可见，"参与感"一直是小米模式的核心理念。

留住客户的数据，和客户进行长期互动，与客户建立更加密切的关系，已经成为必然趋势。如今大数据技术为企业搜集和分析用户数据、打造高质量的数据资产，以及建立与用户的情感连接，提供了极大的便利。

第六章
全链路营销之渠道结构管理

全链路立体渠道系统的建立

渠道结构，是指为达到分销目标，为产品或服务设定一组渠道成员的关系和任务序列。立体化营销渠道的结构分为三种类型，分别是长度结构、宽度结构和广度结构。这三种渠道结构组成了渠道设计的三大要素，也可以称为渠道变量，即渠道结构中的长度变量、宽度变量和广度变量。它们完整地描述了一个立体渠道系统。

（一）长度结构

渠道的长度结构又叫层级结构，是按照渠道层级数量来定义的一种渠道结构，一般根据所包含的渠道层级的数量，将一条营销渠道分为零级、一级、二级和三级渠道等。

1. 零级渠道

零级渠道，也称为直接渠道，是指没有渠道中间商的一种渠道结构。在零级渠道中，产品或者服务将直接由生产者销售给消费者，通常为大型或者贵重产品及需要专门服务的产品销售采取的主要渠道。比如，一些知名IT企业，如联想、惠普等设立的大客户部就属于零级渠道，戴尔的直销模式也属于零级渠道。

2. 一级渠道

一级渠道包含一个渠道中间商，在消费品市场，渠道中间商通常为零售商；在工业品市场，渠道中间商可以是代理商、佣金商或者经销商。

3. 二级渠道

二级渠道，顾名思义就是有两个渠道中间商，在消费品市场，这两个渠道中间商一般为批发商和零售商；在工业品市场，这两个渠道中间商通常为批发商和代理商。

4. 三级渠道

三级渠道就是包含三个渠道中间商。此类渠道多出现在日用品行业中。在IT产业链中，也常会在大型代理商和小型零售商之间衍生一级专业性经销商。

（二）宽度结构

渠道的宽度结构是根据每一层级渠道中间商的数量来定义的一种渠道结构。一般情况下，产品的性质、用户分布、市场特征以及企业分销战略等都会影响渠道的宽度结构。渠道的宽度结构主要包括以下三种类型。

1. 独家分销渠道

独家分销渠道，是指在一定地区、一定时间内只选择一家中间商经销或者代理，授予对方独家经营权。这种类型能促进中间商的经营积极性，提高他们的责任心。

2. 密集型分销渠道

密集型分销渠道，又称为广泛型分销渠道，是指制造商在同一渠道层级上选择尽可能多的渠道中间商来进行产品销售的一种渠道类型。

3. 选择性分销渠道

选择性分销渠道，是在市场上选择部分中间商经营本企业的产品，即选择少量的渠道中间商进行商品分销，是介于独家分销商和广泛分销商之间的一种渠道类型。

（三）广度结构

渠道的广度结构可分为直销与分销两大类。直销又能够细分出好儿种，如制造商直接成立的销售公司及分支结构，或者制造商直接设立的大客户部等，还包括电话销售、网上销售、直接邮购等。分销则可细分为代理与经销两类，这两类都可选择独家和密集型等渠道方式。总之，渠道的广度结构是渠道的一种多元化选择，即公司使用多种渠道的组合，采用混合渠道模式进行销售。

如今，随着科技的进步，渠道管理开始向数字化转变，渠道的数字化转型升级，为企业建立起全链路的链接提供了帮助，有利于提高企业的渠道管理能力、渠道营销能力以及渠道控制能力。现在越来越多的行业在建立渠道系统方面进行创新，比如快消品行业，具体措施如下。

首先，通过赋能渠道，实现降本增效。具体措施主要包括两个方面：一是搭建快消品行业渠道分销系统，使品牌与渠道二者之间的关系从过去的管理向赋能转变，帮助终端搭建数字化体系，具有触达C端的能力，这有利于反哺品牌上的业务发展，打通品牌、经销商、终端以及消费者的链条，确保上下游的订货采购、库存汇报等数据链路的畅通，从而有效降低沟通成本。二是搭建快消品行业渠道管理系统，实际上是提高了供应链能力，利用数字化技术，让供应链更加高效，并赋能终端服务C端的能力，提高渠道运营效率和收益，从而使渠道管理和终端掌控更高效。

其次，全链路渠道利用互联网大大提高了企业的决策能力，主要体现在技术和功能两个方面。

在技术方面，以大数据分析为基础，将全业务数据进行汇集，提高了业务的决策能力，对采购订单、库存动态、经销商数据、差异化价格、管控规则等数据进行统一分析，完成业务洞察。

在功能方面，可以结合企业自己的优势与存在的问题，解决困扰传统快消品在管理渠道中存在的诸多问题，建设快消品渠道管理系统，能够有效缩短供销链，大大降低层层加价的成本；确保渠道内外顺畅沟通，提升销售转化效率，构建渠道内外的即时沟通、知识共享、佣金奖励、业务竞赛、团队奖励，大大提高渠道组织的销售转化率；实现信息数据化可视化，品牌商进行产品分析、产品开发、开发营销进行有效辅助，使业务决策能力得到有效提高。

渠道长度之零层、一层、二层、三层、多层

"更短的链路才能更高效转化"是链路营销的三大原则之一，那么，是不是营销渠道的长度结构也是越短越好呢？答案是不一定。

（一）分销渠道长短的优缺点

通常分销渠道的长度分为五种基本类型：零层分销渠道、一层分销渠道、二层分销渠道、三层分销渠道和多层分销渠道。分销渠道的长短各有优缺点。

企业采用短渠道所花费的成本较低。通常来说，渠道越短，成本越低，越能控制最终的零售价格，越能够给用户提供全面的服务，并能够及时获得用户的反馈，有助于提高企业的服务质量。但同时分销渠道短会导致市场覆盖面较小，且对企业有一定的要求，比如需要企业有雄厚的资金和资源实力，具备一定的经营管理和物流能力，能够大量存货，能够高效率地承担批发和零售的职能，以及具备专业人力资源来执行以上工作。

企业若采用长渠道，产品的覆盖面越大，越有助于生产企业通过中间商来增强竞争优势，因为有大量中间商的存在，生产企业的仓储运输费用、管理费用和销售人员的费用等都能得到一定的降低。但是渠道越长，渠道成本越高，对产品最终的零售价格、产品流程以及运输的控制能力就越差。此外，服务水平的差异也会非常大，这就对生产企业的管理水平提

出了更高的要求。

（二）分销渠道长度的策略

分销渠道长度的策略选择要从多方面进行综合分析，具体来说应包括以下几个方面。

1. 根据市场因素选择渠道长度

根据市场因素选择渠道长度，又分为以下四种情况。

（1）根据目标市场范围进行选择

潜在的用户数量越多，目标市场范围越大，需要的中间商就越多，因此需要选择长渠道；反之，则选择短渠道。

（2）根据用户的集中程度进行选择

用户不集中或者用户分布范围较广，就应该选择长渠道；反之，则选择短渠道。

一般来说，一、二级城市，城区市场的渠道环节为：制造商—经销商—零售商—消费者，渠道的长度为2。

对于一、二级城市以外的城市市场以及县城城区市场，渠道环节为：制造商—经销商—二级分销商—零售商—消费者，渠道长度为3。

对于村镇市场，渠道环节多为：制造商—经销商—二级分销商—三级分销商—零售商—消费者，渠道长度为4。

当然，如果生产企业直接运作商超系统，渠道环节可设置为制造商—零售商—消费者，渠道长度为1，也可以采取直销模式，渠道长度为零。

（3）根据零售商的规模和数量进行选择

如果零售商数量多，规模小，进货批量较小，则宜选择长渠道；反之，应选择短渠道。

（4）根据市场需求的性质进行选择

如果用户人数多，分布范围较广，购买频率较高，但购买量较小，就应该选择长渠道；反之，则应选择短渠道，比如日常生活用品。

2. 根据生产者自身因素选择渠道长度

某生产企业引进了国外的某品牌服装，营销渠道类型主要是直营旗舰店、经销商直营店和分销商直营店。其中直营旗舰店是企业自己开的店，主要目的是建立样板店，作用是为经销商提供运营样板示范，渠道长度为零；经销商直营店，是经销商开设的专卖店和专柜，渠道环节为制造商—经销商专卖店—消费者；分销商直营店是经销商所在区域下游分销商开设的专卖店和专柜，其渠道环节是制造商—经销商—分销商专卖店—消费者。

很显然，该生产企业的直营旗舰店不是渠道主流，虽然在品牌的初始阶段，经销商直营店是主流，但随着大量分销商加盟后，经销商直营店和分销商直营店将是主流类型。

通过这个案例，我们可以看出，选择怎样的渠道长度，与生产者自身的情况有关，应考虑的因素包括四个方面。

（1）生产者的实力

若生产企业在规模、财力、声誉上的实力不是很强，缺乏市场销售经验和能力，就应选择多渠道，依赖中间商发力来打开市场；反之，就应选择短渠道。

（2）生产者的服务能力

若终端消费者需要生产企业提供安装、调试、维修等多种服务，而生产企业无法满足消费者的服务要求，就应选择长渠道；反之，应选择短渠道。

（3）生产者的销售能力

生产企业缺乏营销能力和经验，无相应的物流设施，就应选择长渠道；反之，应选择短渠道。

（4）生产者的商品组合

生产企业的商品组合深度与广度不大，无法满足多品种、多规格、小批单的要求，就应选择长渠道；反之，应选择短渠道。

3. 根据商品因素选择渠道长度

根据商品因素选择渠道长度应考虑四个方面的因素，具体内容如下。

（1）商品价格

渠道的长短与商品的价格高低成反比，即商品价格越低，选择的销售渠道越长，比如日用品的销售渠道就应该长一些；反之，商品价格越高，选择的销售渠道越短，比如奢侈品。

（2）商品的时尚性

款式不容易发生变化、时尚程度不高的商品，宜选择长渠道；反之，款式易变、时尚程度较高的商品，应选择短渠道。

（3）商品的理化性

体积大，重量重的商品，应选择短渠道，比如大型成套设备、易损易腐的商品以及危险品；反之，体积小、重量轻的商品，应选择长渠道。

（4）商品的标准化程度

标准化程度低的商品，多选择短渠道，比如定制品；相反，标准化程度高的商品，宜选择长渠道，比如通用品。

（5）商品的技术性

技术通用性较强，无需提供特殊技术服务的商品，就应选择长渠道，比如U盘、移动硬盘；相反，技术通用性不强，需要提供特殊技术服务的商品，就应该选择短渠道，比如程序软件。

（6）商品的寿命周期

企业生产了新产品，在初期阶段应选择最短渠道；在商品的衰退期，也宜选择短渠道；若商品进入成长期，则宜选择长渠道。

渠道宽度之密集型、选择型、独家型

销售渠道宽度，是指销售渠道的每个层次使用同种类型中间商数目的多少。通常，产品从生产者到消费者手中需要经过两个以上的同类中间商，销售渠道的宽度就大，称为宽渠道；若只选择一个中间商，销售渠道的宽度就很窄，称为窄渠道。

渠道的宽度结构主要包括密集型、选择型、独家型三种，在互联网时代，新营销的分销渠道宽度更宽，而且更具有全民化、社交化的特点，更符合未来发展趋势。新营销的分销渠道除了传统分销渠道外，还包括线上新零售、社群化运营、直销、微商、众筹等。

（一）渠道宽度结构的选择策略

2008年，一家化学公司将其生产的A牌玉米除草剂首次推上了S省农资市场，上市不久就取得了巨大的成功，仅用半年时间就占领了S省玉米除草剂85%的市场份额，成为农户的首选品牌。该品牌玉米除草剂之所以取得成功，除了有效的广告宣传推广外，最重要的原因是对分销商的选择和管理上非常科学。

这家化学公司经过多方考虑，决定在S省采用独家分销的办法选择一级批发商，可S省经销农药的中间商有成百上千家，该选择哪一家更为合适呢？综合几个方面的考察结果，最终选择了B公司，其理由有表6-1所示的几点。

表6-1　B公司的优点

B公司在S省众多的农药经销公司中，销售能力位列前三，且拥有强大的批发网络和分销渠道，在S省各地都有一批忠实的二级分销商，能将产品迅速覆盖到整个S省市场
B公司是一家民营企业，办事效率高，是理想的合作对象，并且在农资行业中有较好的声誉。此外，B公司的商业信用好，贷款回笼迅速，在维护厂商企业形象方面，从未产生过负面的影响
B公司财力雄厚，流动资金充裕，有能力及时结清货款，拥有专用仓库，并有一定数量的运货车辆，能满足产品仓储和运输的需要
B公司内部管理有序，员工工作积极性高，业务能力强，便于后续工作的开展

通过这个案例，可以看出渠道宽度结构的选择是非常重要的。那么，如何进行宽度结构的选择呢？这就要从密集性分销策略、选择性分销策略、独家专营性分销策略来入手，进行综合分析。

1. 密集性分销策略

密集性分销策略，就是有很多批发商和零售商来推销生产企业的产品，中间商非常多，方便消费者购买。日用消费品和工业品中的标准化、通用程度较高的小件商品，多采用这种密集性分销策略。

2. 选择性分销策略

选择性分销，是指只有少数中间商来推销生产企业的产品。该策略应用范围非常广，特别适合选购品、特殊品以及工业用品中的零部件。采用选择性分销时，通常会有以下四种情况。

一是企业的新产品上市之初，会采用密集性分销策略打开销路，销路打开后，改用选择性分销策略。

二是企业在采用密集性分销策略的过程中，因一些原因需要淘汰部分低效率的中间商，从而提高自身的经营效益。

三是企业最初采用单一中间商，后因业务扩大等原因，需要挑选新的中间商来参与销售。

四是企业对中间商非常满意，一直采用选择性分销策略。

因每家企业的情况不一样，因此选择销售渠道的长短宽窄都不同，有的会选择"长而窄"的销售渠道，有的则会选择"短而宽"的销售渠道。

3. 独家专营性分销策略

独家专营性分销是指在同一时间、同一地区内，生产企业只选择一家中间商来销售他们的产品。独家专营性分销策略适用于以下几种情况。

一是用户非常重视品牌，并且使用较窄的特殊消费品，如工业机械等工业消费品。

二是需要加强售后服务的高档耐用消费品。

三是销售过程，需要通过表演、操作等方式来介绍产品的使用方法，如部分消费品和工业机械产品。

采用独家专营性分销，通常生产企业会与中间商签订书面合同，明确规定中间商禁止销售其他同类竞争产品。

（二）分销渠道的管理

对分销渠道进行管理，主要包括两个方面：一是加强分销渠道的创新；二是对渠道进行有效的控制。

1. 加强分销渠道的创新

渠道创新要以"降成本、提效率"为目标，可通过减少流通环节、产品集中出货、加快资金和库存的周转率等方式来实现。企业可以从以上几方面根据市场变化，有效地整合分销渠道资源。

首先，分销渠道模式的多样化，主要包括两个方面：一是企业渠道模式的多元化，有利于分散风险，提高产品的市场占有率；二是分销产品结构的多元化，即在同一个渠道中对多种相关产品进行分销，从而提高渠道的利用率。

其次，分销渠道的信息化，是指在有形的渠道网络中融入互联网络，从而更好地满足营销的个性化、高速化和互动化的新要求。

最后，分销渠道结构上的扁平化与重心下移。扁平化是指尽量减少分销渠道环节，不仅方便生产企业与用户更直接、更快捷地沟通，也有利于生产企业对分销渠道的管控，降低成本费用，提高运作效率，提升企业竞争力，提高渠道利润空间。分销渠道结构的重心下移包括两个方面：一方面是由大城市向地区、县级市场下移；另一方面是经销商向零售终端市场下移，有助于生产企业更有效地沟通与监控市场。

2. 对渠道进行有效控制

对销售渠道进行有效控制，既可以解决产品上市初期销售费用过大、渠道不畅等问题，又可以解决需要密集分销的产品在市场网络建设中的不足。具体来说，渠道控制应从以下几方面进行。

（1）渠道长度控制和成本控制

渠道长度控制是指尽量减少中间环节，必要时可采用直销，以便降低产品在流通过程中发生的费用，使渠道效率得到提高。生产企业要对渠道进行成本效益分析，尽量减少渠道费用，提高渠道经济效益。

（2）区域控制

企业决定采取分销渠道后，若不对区域进行控制，就会出现经销商跨区域销售，从而引发渠道冲突。为避免这一情况发生，企业在分销协议中要对其做出明确的规定，要求经销商严格遵守分销条款，一旦出现跨区域销售，要按照协议及时对其给予处理。

（3）价格控制

一些经销商为了抢占市场份额，会采取低价竞争的方式，这种恶性竞争会导致经销商元气大伤，因此，生产企业一定要对价格进行控制。

（4）物流控制

物流控制主要是为了确保物流周转流畅，生产企业要选择善于利用运输公司的物流网络，这有利于节省费用。而且，这也是生产企业首先要考虑的问题。其次要考虑产品周转仓库和产品配送中心的设置。

渠道广度之企业分销的多条渠道

渠道广度，是指企业选择多条渠道进行产品的分销活动，并不是仅有几个批发商或者零售商参与，这是渠道宽度的扩展与延伸。也就是说，产品在分销过程中，根据市场密度的不同设置直营或者不同层次的分销制，或者根据渠道末端零售商的采购数量，采用不同的渠道环节进行送达。比如，生产企业对大客户会采用直营方式进行分销，但对小客户则会通过一定的批发环节来进行分销。

（一）分销渠道广度的类型

分销渠道广度的类型主要有三种：垂直渠道系统、水平渠道系统、多渠道系统。

1. 垂直渠道系统

垂直渠道是由生产企业、批发商、零售商纵向整合组成的同一系统，是最显著、效益最佳的一种渠道发展趋势。垂直渠道系统的优势在于能够控制渠道行动，消除渠道成员之间因为追求利益而造成的冲突。通常，垂直渠道有三种主要形式。

（1）企业式垂直渠道系统

企业式垂直渠道系统是指一家公司拥有和统一管理若干工厂、批发机构和零售机构，控制分销渠道的若干层次，甚至整个分销渠道，综合经营生产、批发、零售业务，即由同一个所有者名下的相关的生产部门和分销部门组合而成。

比如，美国火石轮胎橡胶公司，该公司拥有轮胎制造厂、橡胶种植园，以及轮胎系列的批发组织和零售组织，其销售门市部、网点遍布美国。

（2）管理式垂直渠道系统

管理式垂直渠道系统，是通过渠道中某个有实力的成员来协调整个产销通路的渠道系统。宝洁公司就是典型的代表企业，它利用自身品牌、规模和管理经验的优势，协调批发商、零售商的经营政策，便于采取一致行动。

（3）契约式垂直渠道系统

契约式垂直渠道系统，是指不同层次的独立生产企业和中间商，以契约为基础建立起来的联合渠道系统。比如，丰田公司会与某个经销商签订销售合同，赋予经销商销售丰田公司产品的权利而不再与其他经销商签约，并对经销商只能销售丰田品牌的汽车做出规定，实行专卖。再比如，可口可乐与某些瓶装厂商签订合同，授予其在某地区分装的特许权，以及向销售商发运可口可乐的特许权。

2. 水平渠道系统

水平渠道系统，又称为共生型渠道系统，是指由两个或两个以上公司横向联合在一起，共同开发新的营销机会而形成的关系系统。

该系统的特点是，由两家或者两家以上的公司横向联合形成新的机构，便于发挥各自优势，使分销系统既可以有效、高速地运行，又能发挥系统作用或者规避市场风险。

3. 多渠道系统

多渠道系统是对同一或不同的细分市场，采用多条渠道的分销体系。

该系统有两种形式：一种是生产企业通过多条分销渠道来销售同一个商标的产品；另一种是生产企业通过多条分销渠道销售不同商标的产品。此外还有一种情况，就是生产企业通过同一产品在销售过程中的方式与服务的差异，形成多条渠道来扩大用户的覆盖面。

一般来说，多数生产企业会采取多条渠道来进行产品分销，其优势在于能扩大市场覆盖面，有效降低成本，提高产品交易量。但同时多渠道系统也存在一定的不足，若生产企业管理不善，容易发生渠道冲突。此外，新渠道的独立性较强，不便于进行监督控制。

（二）天猫精灵的多渠道营销

在2017年天猫"双十一"狂欢节中，天猫精灵火遍了全网，在非常短的时间内登上了所有热卖榜单，并引发了用户广泛的讨论与传播。那么，它是如何获得这么好的营销效果的呢？

当然，这里面有多方面的原因，包括用户角色聚焦、营销内容差异化的构建、用户全链路场景的传播等，但在这里，我们只对营销渠道进行分析。

天猫精灵的营销渠道分为四类，分别是产品投放渠道、娱乐化渠道、社群渠道、自主渠道，不同的营销渠道具有不同的功能，其所对应的设计方法和策略也是不同的。

1. 投放渠道

因受场景的限制，传播内容是有限的，因此，必须在有限的空间传递出最吸引人的信息。其中，利用用户爱贪小便宜、逐利的心理是营销活动中最常用的方法，比如发红包、领取优惠券等。

天猫精灵在"双十一"投放渠道设计上的核心就是，将用户最关心的权益直接呈现出来，这比介绍产品的认知成本低得多。因此，在投放资源的设计上，选择把"2折""优惠券"等与用户息息相关的利益点直白地呈现出来，吸引用户去点击。

2. 娱乐化渠道

由于娱乐化渠道的丰富，产品在吸引眼球阶段，与用户互动的机会越来越多，企业可以通过互动营销将产品的差异化信息传递给用户。

在狂欢城、"天猫双十一狂欢夜"（猫晚）和线下抽奖等娱乐化的营销场景中，传统产品都是通过手动来进行营销上的互动，即需要用户动手来完成输入。而天猫精灵则给人耳目一新的感觉，因为用户可以使用语音来和天猫精灵进行互动，通过这种互动方式的创新，悄无声息地在用户思维中植入了"语音AI"的产品概念。

3. 社群渠道

天猫精灵"双十一"营销的主要用户群体为18～30岁的年轻人，这类群体获取信息的主要通路为社群，包括朋友圈、贴吧、微信、知乎等一些社交平台。利用社群渠道可以有更多的空间去传播更多的内容，因此，在社群中可以为用户详细地讲述天猫精灵产品的定义、功能和操作流程，可以极大地降低用户的认知成本，并在社群中引发用户广泛的传播。

4. 自主渠道

投放渠道、社群渠道、娱乐化渠道，这三种渠道主要是面向新用户采取的营销措施，自主渠道则与以上三种渠道不同，主要是吸引老用户回访，包括邮件推送、短信通知、消息推送等方式。

营销渠道设计的关键——价值分享

营销渠道设计，是指为实现分销目标，对各种备选渠道结构进行评估和选择，从而开发新型的营销渠道或者改进现有营销渠道的过程。生产企业在进行营销渠道设计的时候，经常忽略一点，那就是价值分享，忽略这一点的弊端是，会导致分销渠道成员的贪欲不断膨胀。

不少生产企业都会有这样的烦恼，自己已经给经销商不小的优惠了，可经销商还是感到不满足，总嫌优惠力度小，还需要加大；有的经销商要求回款速度提高，可与同行比起来，我们的回款速度已经很快了，等等。总之，分销渠道的成员总是有这样或那样的非分要求，到底该怎么办？

要想解决这一问题，我们先要认识到导致这一问题的根源在于不合理的渠道设计，生产企业在进行渠道设计时，过于注重利益分享，这会引发一系列不良的后果，如导致分销渠道成员缺乏忠诚度，渠道成员流失，随意撕毁合同，拖欠、挪用贷款等问题，解决这些问题的关键在于渠道设计要以价值分享为重。

首先，生产企业与分销渠道成员之间是患难与共的关系。

当下是买方的市场，生产企业与分销渠道成员之间要面对的共同对象是用户，只有大家共同努力，共同制订分销战略计划，才能赢得消费者，占领市场。

从价值链方面来说，任何企业都是其产品在设计、生产、销售、售后服务等方面所进行的各项活动的聚合体，每一项经营管理活动，都是这条价值链条上的一个环节，缺少哪一个环节，企业都无法生存和发展。

作为生产企业，需要生产高质量的产品，但是这些产品要实现变现，就需要依靠分销渠道成员，由他们将产品推向用户，进行宣传推广，铺向全国各地，才能提高产品的声量和销量，同时为生产企业的持续发展奠定基础。再好的产品如果无法实现变现，生产企业都将无法生存下去。

同样，作为分销渠道成员，只有企业提供优质的产品，才能获取丰厚的利润，否则光有渠道，没有好的产品，岂不是空中楼阁？利润从何而来呢？

从影响价值因素分析，分销渠道成员对产品的价值会造成一定的影响。比如，生产企业所生产的产品或者服务流程较为复杂，需要分销渠道成员向用户提供必要的售后服务，才能满足用户的需求；分销渠道成员与用户之间的关系如何，是否建立了忠诚关系，也影响用户是否会继续选择使用某款产品；分销渠道成员在与用户沟通过程中，获得的第一手信息，有助于生产企业改进产品，增强企业竞争力，获得更好的利润空间。

从战略地位的角度分析，企业战略地位的确定与渠道成员的长期发展设计息息相关。比如，追求低成本先导型战略的企业，产品和竞争对手的差异性较小，在确定战略地位时，就要通过高质量、低价格来获得竞争上的优势。要想实现高质量、低价格的目标，生产企业就要对渠道成员进行严格的成本管理。追求差异化竞争战略的企业，由于产品与竞争对手具有很大的差异性，所以，能够通过高质量、高价格来获得竞争上的优势，要实现这一目标，生产企业就需要建立相应的渠道体系。

其次，分销渠道成员之间的共荣关系。

营销渠道是由不同机构组合而成的集合体，它们扮演着双重角色，一方面努力追求自身利益，另一方面也要追求集体利益，因此它们之间是既相互依赖又相互排斥的关系。

当下的市场竞争已经不再是企业之间的竞争，而是企业所在的价值链之间的竞争，而供应商与分销商则是这条价值链上的重要组成部分。企业要提高市场竞争力，就必须构建高效的价值链，处于同一条价值链上的企业之间是一种战略合作关系，大家只有同舟共济，才能提升整个价值链的竞争优势。

要提升整条价值链的竞争优势，一方面要求生产企业和分销渠道成员都要努力降低成本；另一方面要向消费者提供独特的产品与服务，在分销过程中，分销渠道不能增加产品本身的价值，但能通过流通和提供服务，提高产品附加值。

生产企业与分销零售商之间的环节是分销渠道价值链中重要的一环，也是增值空间最大的环节。有些生产企业会成立合资销售公司，即自己出资较大的一部分，进行控股，其余的部分由几家经销商共同出资组建，从而将生产企业与分销零售商的利益捆绑在了一起，从之前渠道成员之间是松散的、利益相对的关系转变为紧密的、利益共享的关系，从而消除了渠道成员为追求自身利益而屡屡发生矛盾的情况。采用这种合作模式的好处主要表现在以下几个方面。

一是便于市场开拓。开发新市场的风险很大，一家企业很难承担这么大的风险，如果能通过渠道成员的合作，就可以将风险平摊，有效降低每家企业的风险。

二是提高竞争力。在产品严重同质化的今天，唯有渠道的差异化，才能提高企业的竞争优势，其核心是渠道资金的竞争，其根本是对终端零售商的抢占。生产企业与分销零售商合作，完成了制造商对零售网点的抢占，从而提高渠道竞争优势。

三是降低渠道成本。由于渠道成员之间密切合作，大大缩短了渠道的长度，使渠道变得扁平化，既可以减少渠道冲突，又能够降低渠道成本。

四是降低供货源头成本。在买方市场阶段，很多领域都出现了供大于求的情况，企业和渠道的利润空间变得越来越小。在这种情况下，对渠道成本的控制就显得非常重要。

五是提高产品和服务的质量。在用户至上时代，企业要对用户的购买需求与评价做出快速反应，传统的生产企业与经销商往往是松散的、间接的、利益相对独立的关系，使得生产企业与用户之间无法直接沟通，以至于影响了渠道效率。将生产企业与经销商二者的利益进行捆绑的举措，则有利于提高产品与服务的质量。

由此可见，渠道中的每个成员都必须发挥出各自的角色优势，只有这样，才能获得更大的利润空间，因为大家是共荣的关系。

第七章
全链路营销之渠道成员管理

加强制造商的品牌能力建设

品牌，是指消费者对某类产品及产品系列的认知程度，其本质是品牌拥有者的产品、服务或其他优于竞争对手的优势，能为目标受众带去同等或高于竞争对手的价值。简单地说，品牌是一种无形的资产，品牌就是知名度，有了知名度的产品就具备了扩散力与凝聚力。因此，品牌建设能力就是制造商的核心竞争力。

关于品牌建设，不少人存在着误解，有人认为只有把企业做得足够强大了，才会有精力去进行品牌建设；如果企业尚处在发展阶段，此时去进行品牌建设毫无意义。也有人认为品牌无需建设，待企业做强大了，产品销量大了，品牌建设自然就完成了。

其实不然。因为所有的产品都会给用户提供两个价值：一是产品的物理价值；二是产品的心理价值。真正让产品产生差异的就是产品的心理价值。以矿泉水为例，依云和娃哈哈两个牌子的矿泉水，它们的价格相差很大，水的原材料和供应链不同，是造成价格相差大的一个原因。但从用户的角度来说，有多少人能喝出这两个牌子的矿泉水有什么不同呢？用户之所以会选择不同价位的矿泉水，主要区别在于心理价值。

那么，心理价值差异性的产生是通过什么来实现的呢？答案就是品牌建设能力。对于品牌建设能力强的品牌，用户的心理价值更大，忠诚度和复购率更高，甚至在产品涨价后，依然会选择购买这个品牌。而品牌建设能力不强的品牌，用户把注意力更多地集中在产品的物理属性和价格上，因心理价值低，因此用户对产品的忠诚度较差，很容易受价格的影响，选择更换其他品牌的产品。

那么，该如何进行品牌建设呢？品牌建设是指品牌拥有者对品牌进行的规划、设计、宣传、管理的行为和努力。具体来说，应该从以下几个方面进行品牌建设。

（一）树立品牌意识

树立品牌意识是进行企业品牌建设的前提，企业只有从领导到普通员工，每一个人都意识到品牌的重要性，才能更好地进行品牌建设。企业要想在激烈的竞争中取得优势，就必须创建自己的品牌，而且，要从市场竞争战略的高度去认识品牌，加强对品牌涵义、品牌战略以及品牌效应等方面的认知，这是企业提高品牌建设能力的基础和关键。

（二）注重产品质量

为什么消费者都愿意购买知名品牌的产品？因为知名品牌的产品质量过硬。可以这样说，品牌是高质量的代名词，质量犹如品牌的生命，同时也是企业获得良好市场效益的保障。因此，在品牌建设过程中，一定要狠抓产品质量，只有确保了产品的高质量，才是创建企业品牌的保障。

（三）走持续创新的道路

现在产品更新迭代的速度非常快，要想让产品在市场竞争中处于不败的地位，就必须走持续创新的道路。产品唯有不断创新，才能有更大的进步和发展空间。企业在创建品牌的同时，要通过不断创新来增加产品的"含金量"。企业要确保持续创新，必须做好两方面的工作。

一方面是吸引优秀的人才加入企业。人才是产品创新的重要推动因素，因此，必须要从提高人才素质做起。首先，制定相关的措施，吸引优秀人才加入团队，并制定出相应的激励人才的措施；其次，重视对人才的培养，对人才进行培训，培养出大批优秀人才，实行人才兴企战略；最后，形成积极向上的企业文化氛围，团队上下同舟共济，共同奋进。

另一方面是加强与用户的沟通。只有获得用户认可的产品创新，才是成功的，因此，企业不能闭门造车，必须加强与用户的沟通，了解用户的需求，有针对性地进行创新。比如，小米在做MIUI系统之前，先借助网络搜集所有对主流手机和安卓系统不满意的信息，收集大量信息后，对其进行数据分析，找出用户共性的痛点，进行有针对性的改进，这也是小米手机备受欢迎的一个重要因素。除此之外，小米公司借助大数据工具去发现潜在用户的心理价位，然后制定出一个令用户满意的价格，这也是一种创新，从而激发了用户的购买欲望。

（四）拓宽传播渠道

酒香也怕巷子深。企业进行品牌建设，扩大品牌的影响力，必须加强品牌的宣传推广，拓宽传播渠道。如果品牌只在单一渠道进行传播，针对的人群就比较聚焦，品牌传播自然也相对聚焦。

比如，有些品牌在一些地方公众号上、地方杂志上进行推广宣传，那么，品牌知名度就难免会有一定的地域限制，只有本地区的人知道这个品牌。

如果进行多渠道推广宣传，就会使市场更加广阔，目标人群相对更加分散，覆盖面更大。当然，不同的渠道对品牌传播的要求也不同。以快消品为例，若快消品进入现代卖场渠道，如果没有宣传推广的支持，完全依靠终端的销售，将很难取得令人满意的成绩。

（五）加强品牌的科学管理

科学管理在品牌建设中占有重要地位，一方面企业要准确地为品牌进行市场定位，保障品牌的质量，在品牌包装和品牌广告设计上下功夫，努力挖掘品牌的文化内容。另一方面要加强对企业的科学管理，抓好科技、产品、营销、人才、公共关系等战略的落实，从而全面提高市场竞争力。

参加公益活动，有利于提高品牌知名度，扩大品牌影响力，也是企业进行宣传推广的一个重要手段，但同时要注重对品牌的科学管理。比如，企业参加由自身出资或者组织员工参与的捐款捐物等公益活动，必须要以公司名义进行，使用统一的公司名称，为了扩大活动的影响力，前期要进行活动策划，可以通过政府机构、各种媒体进行广泛宣传。

此外，企业要根据公众的诉求变化，做好信息的收集工作，并及时给予反馈，以提高危机公关的能力，同时要加强与媒体的联系，增进相互理解，确保公司信息发布渠道的畅通，加强舆情监控，出现问题要及时做出应对和处理，以免因负面信息影响品牌形象。

激励分销商，构建长期的合作关系

商界有这样一句名言：得渠道者得天下。分销商是产品销售过程中必不可少的一环，企业如何激励分销商，与之建立起长期的合作关系，是企业营销管理者必须要做的重要工作。企业对分销商的激励分为直接激励与间接激励两种。

（一）直接激励

直接激励，通常是指通过物质或者金钱来奖励分销商，形式包括价格折扣、返利、促销奖励等。

1. 价格折扣

价格折扣是对渠道成员最直接且有效的奖励方式，因为渠道成员都想获得更大的利润空间，企业不妨设计合理的利润空间来满足渠道成员的需求。常用的方式有数量折扣、贸易折扣、季节折扣、现金折扣等。

2. 返利

返利是指生产企业将自己的部分利润返还给渠道成员，这样做的结果不仅能够激励销售方提升销售业绩，而且也是一种有效控制渠道成员的手段。在设计返利政策时要充分考虑返利的标准、返利的形式、返利的时间和返利的附属条件。

比如，生产企业对于返利政策的规定可以细分为季度奖励、年度奖励、专卖奖励和下年度奖励。

季度奖励是对每个季度按照要求完成一定销售量的经销商采取的一种奖励措施，在下季度以产品的形式给予。

年度奖励是指对完成当年销售目标的经销商的肯定和鼓励，在次年第一季度内，用一定比例的产品形式进行返还。

专卖奖励是经销商在合同期内专门经销某品牌的产品，在合同期结束后，根据经销商的销售额给予一定的奖励。

下年度奖励是对于完成当年销售目标、下年度已经续签合同的经销商给予的奖励，在次年第一季度以产品的形式给予。

3. 促销奖励

对经销商进行促销奖励的形式多种多样，可以设置长期的年度销售目标奖励，也可以进行短期的阶段性促销奖励。比如，进货达到一定数量，可以赠送一件商品。

某啤酒公司为了让产品迅速铺到终端销售点，制定了这样一个策略：如果在规定时间内达到销量目标，并且拥有60家固定的零售客户，该销售商就可以获得一定价值的奖品。

4. 开展销售竞赛

销售产品最终还是要依靠经销商的业务员，因此，不妨设计一些有关经销商销售人员的销售竞赛活动，不仅可以激发销售人员的销售热情，还能提升销售额，同时也能促使他们推销本企业的产品，可谓是一举三得。

当然，活动不一定围绕销售展开，还可以设立其他奖项，比如开拓奖、合作奖、回款奖，等等，这些活动既适合销售人员，同样也适合经销商。奖品可以是多种多样的，不一定是赠送产品或者给予现金奖励，可以给获奖者提供旅游名额，或者是出国考察学习的机会等，这样的奖励往往更受欢迎。

（二）间接奖励

间接奖励是指通过帮助经销商进行销售管理来提高销售的效率，激发经销商的积极性。具体措施如下。

1. 培训

"授之以鱼不如授之以渔"。生产企业传授经销商经营、管理、销售技能，在帮助经销商提高自己的同时，对生产企业来说也是一种收获，因为只有渠道成员更优秀了，整条价值链才能更强大，更具有竞争优势。

2. 派出专业顾问

企业可以向经销商派出专业的顾问，以此来表示对经销商的支持。因为专业顾问往往是企业的销售精英，能力强，经验丰富，既可以帮助经销商深度分销或协销，又能够提升经销商的能力。

3. 客户经理制度

有的企业为激发大客户"参政议政"的积极性，会向经销商发放客户经理的聘书，并给予一定的补贴，让他们积极参与到企业的产品研发、政策制定等任务中来。亲自参与，不仅有利于经销商在执行过程中更积极，而且也能让企业与经销商建立更加稳定的合作关系。

4. 大客户会

大客户会也是企业间接激励经销商的一种有效措施，企业通过定期召开大客户会，邀请客户代表参与到企业的新产品说明会、培训会中来，使这些大客户能够深刻理解企业营销战略及其策略，明确企业发展的方向，与企业共同努力，实现共赢。

5. 企业与经销商建立起合作伙伴关系

首先，要明确各自的角色，双方在友好协商的基础上，明确生产企业在产品、定价、技术支持等方面承担的角色，经销商则应该在市场开发、销售及售后服务等方面承担起责任。

其次，生产企业要与经销商相互支持。比如，生产企业要对经销商的销售人员进行培训，提高他们的业务水平；在控制库存上提供专业的咨询等。

最后，及时调整渠道政策，因为市场环境是不断变化的，没有任何一个渠道政策可以永久适用。

联想集团以20万元起家，经过近40年的发展，如今已经成为世界著名企业，业务遍及海内外，发展及扩张的速度非常快。联想在发展的过程中逐渐意识到关系营销的重要性，将关系营销引入到渠道建设中来，并通过一系列措施来稳定销售队伍。

（1）充分保障经销商的利益

联想非常注重内部管理和运作，以此来降低成本，这确保其能够向经销商提供非常具有竞争力的价格，并通过对市场的控制与监督，防止经销商违规操作给企业发展带来不良影响。由此一来，那些按照规章办事的经销商就能获得很好的利润空间。

（2）向经销商提供优惠条件

联想向经销商提供优惠条件主要表现在为其提供高质量、品种齐全的产品，给予合理的供货价格，通过宣传推广为经销商提供良好的营销氛围。此外，联想还向经销商提供售后服务保障和技术上的支持。

（3）与经销商共同进步与发展

联想向经销商提供优惠条件，充分保障经销商的利益，使经销商获得丰厚的回报。经销商的进步与发展，也使联想获得了长足的发展，两者是合作共赢的关系。

如何建立自己的分销渠道

分销渠道是指产品或服务从制造商流向消费者（用户）所经过的各个中间商联结起来的整个通道。这些中间环节包括生产者自设的销售机构、代理商、批发商、零售商、中介机构等。

（一）企业建立分销渠道的步骤和方法

分销渠道建立起了生产者与终端用户之间的桥梁，降低了交易成本，提高了交易效率，同时也有利于规避市场风险。因此，分销渠道是企业重要的资产。那么，企业该如何建立自己的分销渠道呢？

第一步，对消费者和目标终端进行分析。

对消费者进行分析，我们要清楚谁会来购买产品，他们的收入情况怎样，聚居在哪里，会去哪里购买产品，影响他们购买决定的因素有哪些。

对目标终端进行分析，主要是指了解潜在批发商群体是从哪里进货的，这便于我们确定哪些批发商适合销售我们的产品。

第二步，依据产品特点确定营销渠道结构。

首先，从品牌的市场定位入手，即确定产品属于高端、中端、低端中的哪一种，以便找出与品牌地位相匹配的渠道。

其次，考虑产品的价格定位。产品的价格定位决定了应该采取怎样的营销渠道来进行渗透，如何贯彻执行价格杠杆，如何挖掘产品的价格优势，以及如何调节产品价格来提高竞争力等。

最后，产品组合的特色和优质是确定选择营销渠道类型的关键因素。产品线的长短将决定该选择哪种营销渠道，以便能够完全展示产品特色，充分体现出产品的优势。

第三步，选择营销渠道。

企业生产的产品再好，如果没有搭建良好的营销渠道，品牌难以拓展，产品也难以销售。如果产品无法变现，那么，企业的发展就无从谈起。

每个企业在选择营销渠道时都有自己的衡量标准与要求，但总体要求是营销渠道要有自己的组织机构，有雄厚的资金实力，有一定的物流储备条件，具有较强的抗风险能力，掌握一定的营销知识，能运用各种配套的营销手段，运营经验丰富，能够将第一手资料及时反馈给生产企业，使生产企业及时掌握市场动向，做出相应调整策略，抓住市场机遇，规避市场风险。

此外，营销渠道要能够协助生产企业进行渠道内关联渠道的沟通交流，协调生产企业与经销商之间的矛盾纠纷。

值得一提的是，品牌在不同的发展阶段，所采取的营销渠道也是不同的。品牌在发展初期，应以建立品牌推广宣传为主的营销渠道，其目的是扩大品牌的知名度，提高市场占有率；在品牌相对稳定、进入发展期后，营销渠道相对稳定，建立以质量为首的营销渠道是重要标准；品牌进入衰退期后，营销渠道要及时做出调整，把满足赚取最后的品牌利润作为核心渠道。

（二）渠道建立后要加强管理

渠道建立起来之后，并不意味着万事大吉，企业还需要加强对渠道的管理，这是决定渠道质量的关键。企业应定期或者不定期派出专人去各渠道走访，以便及时了解渠道现状，帮助渠道解决问题，同时获得第一手资料，使企业可以及时调整营销方案。

平时要加强与营销渠道的沟通，可以通过电话、微信等通信设备询问市场情况，及时收集渠道信息，及时为营销渠道提供各方面的支持，确保渠道健康有序地发展。同时要做好对营销渠道的监督，了解他们对营销政策的执行情况。

对营销渠道进行有效评估，确定哪些渠道是优秀的，是值得继续合作的伙伴，哪些是需要调整或者淘汰的渠道，从而保障企业拥有优秀的营销渠道。当然，这也是对营销渠道进行激励的重要依据，俗话说，要想马儿跑得快，就必须给马儿吃草，因此对营销渠道进行激励是必不可少的。

（三）高露洁公司的营销渠道建立

高露洁是以经营牙膏为主的跨国公司，十分注重销路的选择，在确定销路时，该公司从以下几个方面入手，进行综合考虑。

1. 产品特性

产品的实用性、技术性、时尚性，以及产品的包装、体积、重量、保存条件、价格等都属于产品特性，都是确定营销渠道的重要因素。高露洁公司销售的是价格低的产品，如牙膏，就选择行销道路长一些。比如某公司销售的是专用性突出、技术性高的科学机器，就选择直接面对消费者。

2. 市场特性

通常来说，市场需求大，用户购买的频率就高，就应该选择较长的销路；相反，如果市场需求量不大，消费者往往会集中一次性大量购买，就可以直接进行销售。此外，用户的消费方式、消费心理等也是需要考虑在内的因素。

3. 企业实力

一般来说，企业实力较强，可在国内外市场建立销售网点，这比将产品交给经销商进行销售更好，即使使用中间商进行销售，也要有绝对的优势能够对中间商进行控制。

4. 竞争情况

高露洁公司在选择销路之前，会对竞争对手的销路进行仔细研究，有可能采取与竞争对手一样的销路，因为用户已经习惯了这种购买行为，采取这样的销路能够快速进入市场。如果销路被竞争对手垄断了，就要另辟蹊径，采取一种全新的销路来打开市场了。

5. 社会环境

高露洁是一家跨国公司，业务遍及世界各地，因此必须考虑每个国家的具体情况。比如，有的国家会对某些产品实施配额许可证管理，要想获得配额许可证并不是件容易的事情；也有的国家会采取超级市场销售方式，但在其他国家就可能行不通。总之，高露洁公司必须根据具体情况及时做出营销渠道的调整。

高露洁公司认为，行销渠道选择依据确定之后，还应该明确行销渠道的宽度，即是选择密集型分销渠道，还是独家分销渠道，抑或是选择性分销渠道。

高露洁公司成为知名跨国大企业，与细分分销渠道，最大限度地占领市场，是有一定关系的，也是值得其他企业学习和借鉴的。只有企业与分销商实现了双赢，企业才能走得更远，发展得更好。

建立基于渠道成员的绩效考核机制

在市场竞争十分激烈的情况下，企业的生存与发展会受到各方面的影响，其中，企业与渠道成员之间的关系非常重要，企业对渠道成员进行绩效考核，可以使渠道成员明确努力方向，同时也能提高企业的竞争力。

在企业管理过程中，渠道成员的绩效考核发挥着重要作用。首先，通过绩效考核，便于企业做出正确的管理决策；其次，绩效考核可以为工资增长、职务提升、发放奖金提供依据；最后，绩效考核可以促进企业与渠道成员之间的沟通交流，为企业的未来发展提供建议和意见。那么，企业该如何对渠道成员进行绩效考核呢？

（一）绩效指标考评原则

一般来说，绩效指标考评应遵循四大原则：全员参与原则、公开公平原则、及时反馈原则、简单易操作原则。

1. 全员参与原则

上下级之间要经常进行沟通交流，各部门之间要相互协作，每个人都要积极地参与到其中来，确保制度是公开的、透明的。

2. 公开公平原则

严格按照考评程序进行绩效考评，做到考评有依据，才能让人信服，并将考评结果进行公开。

3. 及时反馈原则

考评结束后，要及时将考评结果反馈给被考评者，肯定对方的成绩，指出需要改进之处，明确改进的方向，提供改进业绩的方法。

4. 简单易操作原则

考评流程不能太过复杂，要简单，容易操作。

（二）考评内容

不少企业会设置月度绩效考评和年度绩效考评，个别企业还会设置季度绩效考评，每个企业应根据具体情况来设置考评的时间。

1. 月度绩效考评内容

部门月度绩效考评的主要内容是部门KPI（Key Performance Indicators）。KPI绩效考核，又称"关键业绩指标"考核，是企业进行绩效考核常用的方法之一。最常见的关键业绩指标有三种：一是效益类指标，如盈利水平、资产盈利效率等；二是组织类指标，如服务效率、满意度水平等；三是营运类指标，如部门管理费用控制、市场份额等。

2. 年度绩效考评内容

年度绩效考评内容主要是对渠道管理成员一年的工作业绩完成情况，以及与完成业绩相关的行为进行的综合评价，通过对部门年度绩效合同考评、月度考评平均值和周边评议进行加权计算来实现。

（三）考评流程

考评流程一般由上到下。首先，进行公司考评，确定奖金基数、领导班子的奖金以及各系统的考评情况。其次，对各个子系统进行考评，确定各部门的奖金总额是多少，以及各部门主管的奖金。最后，对部门、班组进行考评，确定每人的奖金数额。在考评过程中，需要注意以下事项。

1. 监督和辅导

企业要加强对渠道成员的监督，确保他们能按照合同完成绩效指标，同时要对渠道成员给予支持和帮助，平时多与渠道成员沟通，或者企业派专门的顾问去了解渠道成员的实际问题和困难，给予及时的辅导，提高渠道成员的营销水平和业绩，并注意绩效数据的收集与整理。

2. 指标评价

按照绩效合同事先约定的绩效指标、考核标准等内容，对渠道成员做出客观、公平、公正的评价。

3. 反馈和沟通

绩效考评结束之后，企业要与渠道成员进行深入沟通，将考评结果反馈给被考评人，这有利于双方的沟通交流，便于指出问题，交换意见，共同分析解决问题，提出绩效改进的措施。

（四）考评结果的运用

考评结果与奖金发放、工资浮动、岗位调整、职位任免、先进评比、人才评价等息息相关，这样才能做到奖惩明确。

1. 绩效与奖金的发放

绩效考核的结果应与月度奖金、年度奖金挂钩。

部门奖金=公司奖金基数×部门奖金总系数×部门绩效分值/100

岗位奖金=部门奖金基数×本岗位奖金系数×本人绩效分值/100

部门奖金基数=部门奖金总额÷（岗位1奖金系数×岗位绩效得分

/100+岗位2奖金系数×岗位绩效分值/100+……）

2. 工资浮动或岗位调整

根据绩效考评和在本单位所属系统内的排名情况，采用浮动工资，或者调整岗位。

3. 职位任免

公司应建立中层管理者任职资格考评和中层干部任期目标责任制度，从而让职位任免有据可依。

4. 先进评选

先进评选应与年度绩效考评结果挂钩，考评结果可以作为年度先进评选的重要依据，等级低于良的不能参与先进评比。

5. 年度承包合同兑现

年度考评结果要与年度承包合同挂钩兑现。

（五）绩效的调整与改进

对于月度考评中出现的问题，主管应安排正式的沟通面谈，帮助渠道成员分析原因，明确改进方向，并将其改进目标列入下个月的计划之中。年度考评结束后，各级主管要组织召开绩效改进会议，对年度绩效进行分析，找出问题与改进方向，并作为下一年度的改进KPI。

（六）签订绩效合同和绩效合同的审核

签订绩效合同分为月度绩效合同的签订与年度绩效合同的签订。每月月底，公司制订和下达下个月的重点工作计划，然后逐级传达到各个部门与岗位，作为制订月度计划的依据；每年年初，各单位、各部门依据公司确定的本年度KPI以及本部门应承担的KPI，制定本单位、本部门的绩效合同，经过上级主管审核后，双方签字确认，合同正式生效，将其作为年度绩效考评的依据。

各主管在收到渠道成员的绩效合同之后，要对绩效合同进行审核。需要审核的内容包括：各岗位的KPI是否标记清楚；绩效考评标准是否能够实际操作；岗位不同但性质相似的工作的衡量标准是否具有可比性。

绩效合同签订后，主管要对绩效合同的进展情况进行跟踪，渠道主管要对每天的工作进行点评和记录，并对月度考评的过程进行管理与控制。

全链路用户生命周期运营管理

广告教父大卫·奥格威曾经说过："在现代商业世界里，当一个才华横溢的创造者是没用的，除非你能同时把你创造的东西推销出去。"

评价一款产品好不好的标准是什么？一是它能否持续满足用户的需求；二是它能否持续创造商业价值。这两条缺一不可。产品是以向用户提供服务为起点，以实现商业价值为基础的，因此，有必要对用户的生命周期进行运营管理，从而让用户对我们的产品喜欢得更久一些。

（一）用户生命周期运营管理的意义

用户生命周期，简单地说，就是用户从第一次使用我们的产品，到最后一次使用我们产品的时间周期。用户生命周期价值就是指用户在生命周期内所贡献的商业价值，包括收益价值和用户数据信息等无形资产价值。

由于市场竞争非常激烈，各个品牌都在争抢用户，这必然会导致一些用户从一个品牌流向另外一个品牌，也就是说，用户流失是无法避免的。我们唯一能做的就是延缓用户流失的速度，尽可能地延长用户的生命周期，尽可能地在用户生命周期中产生更大的商业价值。一言以蔽之，用户生命周期管理就是要解决两个核心问题：提升用户的价值和延长用户生命周期。这可以通过一个公式推导来做解释，即公司毛利率=LTV－CAC=LT×ARPU－CAC。

比如，公司花50元打广告获得了一个用户，那么，这是一个赔本的生意还是赚钱的生意呢？这就需要通过用户生命周期价值（LTV）和用户成本（CAC）来分析。

LTV（Life Time Value）为用户生命周期价值，即公司获得了一个用户后，该用户购买了公司的产品，就是用户生命周期价值。

CAC（Customer Acquisition Cost）为公司获取一个用户所花费的成本，比如，打广告、发传单、地推等方式的成本。

LT（Life Time）是用户的生命周期时长，周期可以按照月、周、日等计算，公司可以根据实际业务场景来做出具体选择。

ARPU（Average Revenue Per User）为公司每个月从单个用户身上获取的收入。

通过以上公式，我们可以得出，公司要想获得更大的毛利率，就必须尽可能地延长用户的生命周期和提升用户的价值。

（二）如何进行用户生命周期的运营管理

一般来说，用户经历的生命周期包括五个阶段：引入期—成长期—成熟期—休眠期—流失期。每个用户所处的生命周期都是不断变化的过程，不同的用户在每个阶段所处的时长也是不同的，但并不是所有的用户都会经历以上五个阶段。比如，一个用户下载了某个APP之后，感觉不好用，直接卸载了，那么，这个用户就只经过了引入期和流失期两个阶段。我们可以将用户生命周期曲线拆分为三个阶段：获客阶段、创收阶段、流失阶段，如图7-1所示。

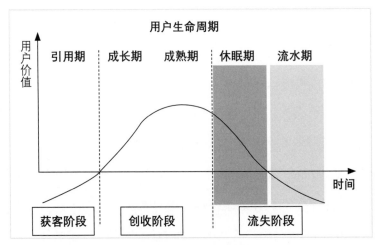

图7-1　用户生命周期

1. 用户生命周期不同阶段的运营管理

在用户生命周期的不同阶段，所采取的经营管理策略是不同的。

获客阶段：要以培养高潜力值的用户并将其转化为产品用户为主要运营目标，这要求我们关注拉新渠道的质量，提高拉新的效率。

创收阶段：通过各种渠道加强与用户之间的联系，维护好与用户的关系，培养用户的忠诚度，调动用户的终身价值。运营的重点为老用户留存率、用户的活跃度以及提高每个用户的收入。

流失阶段：要激活沉默用户，积极挽回流失用户。比如，我们可以通过给用户发微信、发邮件、发短信等方式，重新与用户建立起联系，积极主动地去挽回用户，提高沉默用户的激活率和流失用户的重新打开率。

2. 用户活跃度管理

根据用户的活跃程度，可以简单地把用户分为活跃、预流失和流失三种状态。那么，如何判断用户处于哪种状态呢？这就要看用户已经多长时间没有再完成某个关键行为。比如，用户已经三个月没有再购买产品了，用户已经半年没有打开某个APP了。

这里面有两个关键问题：一是判断用户流失的行为是什么？二是用户没有再次完成某个关键行为的时间间隔是多长？时间间隔的计算可以用公式来表示：用户复访率=复访用户数/间隔天数用户数。

以某个APP的创作者为例，用户复写率=复写用户数/两次创作间隔天数对应的用户数，就可以得出一个曲线，根据曲线的拐点就能确定出间隔的天数，这个间隔天数就是用户的流失天数。由此一来，在该间隔天数之内的用户就是活跃用户和预流失的用户，两者通过"关键行为的频率"加以区分。

通过查看在这个时间内用户的行为频率和留存率的曲线来判断，曲线拐点对应的频率就是活跃用户。当然，我们还可以观察用户的一些负面行为，来判断用户的预流失状态。通常，出现负面行为时，预示着用户流失的风险增大。

为了让活跃用户长期留存，我们可以分析一下高留存的用户有哪些特征，产品使用的路径是怎样的，完成的行为有哪些，然后将其应用到留存低的用户身上。此外，我们可以为用户提供更多有价值的产品功能，提升用户使用深度和使用频率。

对于那些预流失的用户，要及早进行干预；对于流失的用户，要采取措施召回，最有价值的召回方式是了解用户的流失原因，再分清情况对流失用户进行召回，如果用户根本不是我们的目标用户，就无需召回。

注意召回用户的目的不是让用户完成一次活跃行为，而是明确了用户流失原因后，重新对他进行激活，实现永久的留存。总之，我们要持续关注用户，他们的变动往往是反映产品情况的一个晴雨表。

第八章
全链路营销之渠道控制管理

建立一体化的营销渠道结构

一体化的营销渠道是线上与线下零售的深度结合，加之现代物流，品牌商利用大数据等先进技术，从而构成零售的新概念。它是渠道协调的一种形式，是由生产制造商、批发商、零售商组合而成的统一联合体，每个渠道成员都将自己看成是联合体的一部分。

一体化营销渠道系统根据系统安排的紧密程度，从强到弱依次分为公司型、契约型和管理型。三者的不同之处在于，组织管理渠道成员的方式不同，公司型是通过股权方式，管理型是通过信用的方式，契约型则通过合同的方式。

（一）一体化营销渠道的趋势

与一体化营销渠道相比，传统渠道有诸多的弊端。

首先，传统渠道层级过多，从金字塔的顶端到终端，传达和反馈信息需要层层过滤，这样很容易导致信息失真，而且耗费的沟通时间较长，从而影响营销决策的制定。在执行力方面，因层级过多，也容易导致市场方案执行不到位。

其次，因经销商、中间商往往存在着交叉掌控下游客户的情况，为了争夺客户，彼此间常常发生矛盾，或者串货、肆意降价，扰乱市场秩序。此外，中间商与生产企业之间也会在利益上存在博弈，导致关系不协调。

最后，单边区域总代理制是常见的传统渠道模式，该模式具有快速切入市场、流通费用低等优点，弊端是生产企业对渠道成员的控制力较弱，市场价格体系易受制于区域经销商，一旦区域经销商之间发生矛盾冲突，就会使生产企业市场体系崩坍。

由于传统渠道存在着诸多弊端，因此改革势在必行。再加上传统经销商在管理、物流配送、服务等方面的配置十分脆弱，导致渠道竞争力不强。因此，生产企业要促进自身的状态，就必须推动渠道改革。现在各行各业都出现了寡头垄断市场模型，即一些规模大、实力雄厚的品牌在市场中占有绝对份额，它们在管理、技术、营销水平等方面都是行业的佼佼者，势必会尽快完成渠道一体化，如果能够实现强强联合，就会导致强者更强，挤压其他品牌的生存空间。

对商家而言，谁都愿意攀上实力雄厚的生产企业，与它们建立起合作机制，抱团打天下，提升协同作战的能力，由此导致渠道一体化愈演愈烈，这是市场发展的必然趋势。

（二）营销渠道一体化改革的原则

一体化营销渠道可以加强生产企业对中间商的控制权，避免中间商渠道权力过大，发生与生产企业抗衡和博弈现象，也有利于消除渠道冲突，使信息能够快速传递，并确保信息的真实性，同时也可以加强生产企业与中间商之间的信息沟通与反馈，在任务执行上也更到位。

此外，对于生产企业来说，由于渠道成员分担了一定的市场风险，减少了自身的风险压力，对于资金不足的生产企业来说，还可以借助将商品所有权转移给渠道成员来获得融资。生产企业作为营销渠道一体化改革的主导者，在改革过程中要遵守以下原则。

1. 建立"共同永续发展"的合作理念

首先，生产企业要改变中间商的经营思路，不能以追求短期利益为重心。其次，要建立双方通力合作、共同生长的永续发展理念，让中间商明白他们不是在赚取差价，而是共同做市场。

2. 优势互补，合力作战

过去，生产企业与中间商之间的关系往往是互相独立的，生产企业天然地会以一种高高在上的姿态面对中间商，如今这种认知必须改变。生产企业要与中间商融为一体，进行优势互补，资源整合，通过合力作战，实现双赢。

3. 实现职能统一

在渠道改革中，生产企业要帮助中间商完善、强化职能，让他们在管理、财务、流量、营销等方面与生产企业实现纵向协调，并逐步达到标准化作业的程度，最终提高整个系统的管理效率。

（三）常见范式

现在很多大企业已经在建立一体化营销渠道方面做出了尝试，并取得了一定的成绩，现在我们就来看看这些大企业是如何建立一体化营销渠道的。

1. 海尔范式

海尔公司建立了垂直分销渠道模式，又称为产销联合体的渠道模式。海尔公司在全国各地建立了自己的分支机构，构建营销网络和渠道，发展零售商。因海尔有自己的营销中心，这使得海尔有能力严格筛选零售商，并配合市场销售，开展有效的宣传促销活动，有利于维护品牌影响，并为公司规模化发展奠定了良好基础。

海尔的垂直分销渠道模式的优点是：取消了中间流通环节，从而大大降低了销售渠道成本，厂家能够拥有自己的零售网络资源，可以对零售终端网络进行有效控制和管理，从而实现了厂商双赢的局面。

2. 格力范式

格力首创了股份制销售公司模式，即在每个省份挑选出几家规模比较大的经销商，共同出资、参股组建销售公司，从而构建"利益共同体"。

格力会将经销商横向一体化，加强经销商的规模，然后向他们提供管理、财物、营销等方面的支持，这样不仅有利于降低企业成本，也能获得经销商的信赖，特别是大的经销商对厂家的依赖性更强，从而实现厂商协调一致。

3. 清华紫光范式

清华紫光推行"渠道董事会"制度，和每个核心的经销商、总经理亲自沟通，听取他们的意见和建议，为企业制定营销策略提供依据，同时也有利于厂家的方案得到更有力的执行，经销商更加愿意积极配合。

4. 美的范式

美的推行的是单边"大户激励机制"，即在每个区域培养少量销售大户，加强与他们的联系，为他们提供管理、营销等方面的支持，与格力的股份制销售公司模式的区别在于美的更侧重专业性渠道。在空调领域，向来有"三分产品七分安装"的说法，可见这一领域的转型，特别是在空调的工程安装、售后服务方面表现得更加突出。

建立分享销售利润的产销战略联盟

产销战略联盟是"产"方和"销"方（制造商与经销商）之间通过签订协议的方式，形成风险共担、利益共享的联盟体。按照商定的分销策略和游戏规则，建立共同开发市场，共同承担市场责任和风险，共同管理和规范销售行为，共同分享销售利润的战略伙伴关系。

（一）建立产销战略联盟的意义

不少生产企业能够生产大量产品，而且产品的市场需求也十分旺盛，但却因自身渠道有限，导致产品不能及时销售出去，这不仅会造成资源的浪费，也会增加企业库存成本。通过与销售方的合作，双方构建战略联盟，如此一来，就能使产品及时地销售出去。

生产企业与销售方各司其职，前者集中精力管理生产领域的成本，后者将人力、物力、财力集中在销售领域，从而实现优势互补，资源得到有效整合，不仅大大节约了双方的成本，同时也使资源得到了有效的利用，可谓一举多得。

产销双方建立产销战略联盟后，优势会非常明显。

首先，因产方与销方达成了联盟，产品在收益过程中产生的风险由双方共担，这便于对生产和销售策略进行及时调整，避免发生损失过大的情况。

其次，产销战略联盟的方式将产销双方的利益和命运捆绑在一起，产方能够通过销方的反馈及时了解市场信息，确定生产多少产品，而销方能够快速获取产品的库存量信息，降低产品流通过程中因不确定性带来的影响，减少资源浪费。

最后，产销双方紧密合作，利用各自资源，共同营销，扩大品牌的知名度和影响力，从而实现差别化的品牌管理模式。

实施产销战略联盟的典型企业就是宝洁公司与沃尔玛公司的联姻，二者实行产销战略联盟之后，沃尔玛店铺中宝洁公司纸尿裤的商品周转率提高了70%，同时宝洁公司的销售额也提高了50%。两家公司因在纸尿裤产品上的尝试取得了巨大成功，便将合作范围推广到其他产品和领域。沃尔玛还将产销战略联盟的模式运用到其他产品与厂商。1990年，沃尔玛成为美国最大的商品零售商。不仅是沃尔玛，宝洁公司也受益颇丰，双方实现了共赢。

（二）产销战略联盟模式

建立产销战略联盟是让渠道成员消除渠道冲突最有效的方法，常见的产销战略联盟模式有三种，即会员制、销售代理制和联营公司。

1. 会员制

会员制是一种初级的产销战略联盟形式，即产销双方通过协议的形式形成一个俱乐部来运作，大家要遵守游戏规则，相互信任，相互协调，共同发展。通常，生产企业为俱乐部的核心，是游戏规则的制定者，经销商是会员，可参与游戏规则的制定。

2. 销售代理制

产销联盟的代理制不同于一般意义上的销售代理制，与会员制相比，它具有以下特点。

（1）一般采用制造商的独家代理形式或者某地区的独家代理形式，而不是多家代理。也就是说，制造商只委托一家代理商销售自家企业的产品，同时要求代理商不能代理销售同类竞争企业的产品，这样可以使资源更集中。

（2）产销双方的联系和约束力较强，双方在权利、义务等方面的约定较为宽泛，涉及内容较多，双方的联合通常由销售代理和制造承包两个协议组成，一个协议的履行是另一个协议可以发生效力的前提条件。

（3）产销双方的合作期限较长，一般合同期限可长达十年以上，并采用佣金代理形式。

3. 联营公司

联营公司是指由两个或两个以上公司共同掌控的公司，它是更高层次的产销战略联盟形式。根据公认的会计准则，如果甲公司对乙公司的经营管理有重大影响，但没有达到有效控制的程度，乙公司即是甲公司的联营公司。联营公司的持股通常在20%～50%之间。

形成联营公司的产销双方因在利益上更趋于一致，因此呈现出风险共担、利益共享的显著特征。这使双方的合作基础更加牢固。格力电器采用的就是联营公司的模式，通过持有51%的股份，牢牢地控制住渠道，这也是家电行业普遍采用的一种产销战略联盟的形式。

联营公司主要有三种形式，分别是合资经营、合作经营和相互持股。合资经营是由双方企业共同出资、共同管理、共同经营、共同承担风险、共同享受利润而形成的联营公司，因双方将各自的优势资源投入到合资企业，因此，合资经营比单独经营更有竞争力。

合作经营指的是合作双方按照契约规定来履行义务，享受权利，双方各自的优势是能够合作的前提，但并不要求双方共同管理。

相互持股指的是产销双方企业为加强联系与合作而持有对方一定数额的股份，这使双方的关系更加紧密，合作更加长久。与合资经营不同的是，双方的资产、人员不必非要进行合并。

联营公司的这种产销联盟模式的优势在于能确保制造商的战略意图被有效地执行到位，能够做到指令直达终端；能让制造商适度赚取流通领域的利润，将其再投入到终端的循环中，使渠道建设更加精细化；能让制造商把握终端信息，在产品开发和市场策划等方面快速做出反应。

建立产销战略联盟后，并不意味着万事大吉，制造商还要加强对联盟各环节的控制和管理。比如，合作对象选择不合适；合作双方地位不平等、不均衡，渠道成员过于追求短期利益目标，忽视了长远利益，损害了制造商的形象；因文化差异导致出现了摩擦和冲突等。因此，加强对产销战略联盟的管理是十分必要的。

渠道成本、区域、价格、物流的控制

随着时间的推移，制造商的市场地位及市场条件都会发生一定的变化，为了适应这些变化，必须对营销渠道进行合理的设计与改进，从而达到对中间商进行管理与控制的目的，包括渠道成本控制、区域控制、价格控制和物流控制。

（一）渠道成本控制

渠道成本包括人力成本、物流成本、零售终端成本、信息成本、沟通成本等。

1. 人力成本

人力成本包括人员的薪酬及管理费用，是渠道成本中占比较大的一部分。要对人力成本进行控制，首先要全员树立成本控制意识，并使分销人员清楚对于成本控制采取的措施，增强成本控制职责。其次是加强分销队伍的建设，根据企业的实际需要配备合适的岗位人员，合理设计分销人员的队伍规模，提高渠道效率，减少不必要的成本支出。

2. 物流成本

物流成本主要是指物资在流通过程中产生的费用，包括包装费、运输费、仓储费、保管费、装卸搬运费，等等。想要降低物流成本，企业应合理设计物流配送中心的地理位置与规模；可以建立信息化管理系统，以便

提高配送效率，并通过信息系统对销售量进行汇总，预测出最佳的存储量，由此来降低仓储成本。

3. 零售终端成本

零售终端成本主要是指供应商进入零售卖场需向零售商支付的费用，包括进场费、通道费、上架费、利润分成等。想要降低零售终端成本，企业可以通过合作、联盟、捆绑等战略合作方式，既能够降低风险与费用，提高议价能力，还可以通过提高企业市场营销水平，形成品牌优势，优化投入产出比。知名企业在与零售商的博弈中，往往更占据优势。

4. 信息成本

在营销活动中，要去搜集市场信息并对信息进行分析处理，为企业运营提供信息支持，这也是渠道成本的一部分。要降低此类成本，可借助现代信息网络技术，不仅能提高分销活动效率，还能对分销网络的活动进行监控。

5. 沟通成本

制造商要与销售方经常沟通交流，及时进行信息反馈，沟通成本是必不可少的。可以建立企业间的信息网络，既能优化企业内部运行效率，降低成本，还能为经销商建立双方信息的交流平台，方便信息的分享与交换，有利于企业对市场变化做出及时的反应。

（二）区域控制

制造商对区域控制主要体现在预防窜货上。窜货是指经销商置经销协议和制造商的长期利益于不顾，进行产品跨地区降价销售。在防止窜货方面，我们不妨学学娃哈哈是如何做的。

1. 在产品包装上进行区域差别化

在不同的区域市场，在相同的产品包装上采用不同的标识，就能有效地防止窜货情况的发生。娃哈哈在和经销售签订合同时，会对经销商的销售区域进行严格的限定，发往每个区域的产品包装上都有一个编码，将编码与出厂日期印在一起，无法撕毁和更改，这样一旦发现窜货，就能够追踪产品的来源，为处理窜货提供证据。

2. 成立反窜货机构

娃哈哈设立了反窜货机构，严厉稽查窜货行为和市场价格，有效保护各地经销商的利益。反窜货人员经常检查巡视各地市场，一旦发现有窜货情况，会彻查到底，严格按照合同条款进行处理。

（三）价格控制

价格竞争是渠道成员之间产生冲突的重要原因之一，因此不同渠道之间、线上与线下之间的价格统一是减少渠道冲突的重要手段。具体措施如下。

1. 签订协议，进行约束

制造商与经销商应签订渠道维护协议，明确规定经销商不能低于制造商规定的最低出货价进行销售，并通过软件进行管理，对违规的经销商设置控制发货、禁止发货等预警系统，对于严重违规的经销商应取消其经销资格。

2. 进行安全库存管理

要求经销商保持合理的库存量，如果没有达到双方约定的安全库存，经销商必须在规定的时间内进货。

3. 产品流向管理

制造商应要求经销商每月提供产品销售流向动态，并对每批产品进行跟踪管理，如有违规现象，应提出警告，并给予一定的处罚，比如扣除返利和市场保证金等。

4. 制定黑名单

制造商通过对经销商每月的货物流向进行管理与分析，对于违规的经销商，要拉入黑名单，不再向其发货，并对其进行一定的处罚，比如取消违规当月的销售让利。

5. 终端管理

对于各区域市场影响力较大的零售终端，要配备巡店员，以便对终端进行价格维护、监督与管理。

（四）物流控制

由于渠道物流存在一定的风险，因此企业要加强物流控制。渠道物流风险是指企业的商品运输活动、流通加工、包装、储存、保管以及与之相联系的物流信息等功能要素出现不合理，或使系统整体的优化遭到破坏，而给企业带来损失的可能性。企业对渠道物流风险控制的措施主要有三个方面。

一是在选择物流服务商时，要结合渠道物流管理业务的需要，分类或者分区域选择不同的物流服务商，防止因选择独家物流服务商而造成风险，同时要严格筛选物流服务商，主要从物流服务商的业绩、人力资源、用户满意度、成本控制等因素来考虑。

二是在物流合作协议中明确禁止条款。因市场竞争、外界环境变化等原因，渠道物流合作的终止与变更是非常普遍的现象，因此有必要在渠道物流协议中明确合作终止的条件，这既有利于约束双方，又能为双方长期合作奠定基础。

三是通过投保转嫁风险，在渠道物流中经常会出现令人意想不到的事情，比如驾驶员在运输配送业务过程中，出现人身伤亡事故。保险能够有效分散风险，无论是自营物流，还是实行第三方物流，对物流投保都能在一定程度上转嫁物流风险。

做好线上+线下的统筹管理

20世纪90年代末，康柏公司在全球个人电脑行业中占据霸主地位，当时戴尔公司的直销模式给康柏公司造成了一定的威胁。于是，康柏公司在1998年发布了官方电子商务网站，直接销售电脑，但为了平衡线下渠道商的利益，康柏公司专门为线上开发了一套产品，也就是后来的Prosignia系列电脑，专为中小企业提供商用电脑。

康柏公司虽然推出了电子商务平台，但前提是不能损害渠道商的利益，实际上，这是一厢情愿的做法。果不其然，康柏公司担心的事情还是发生了，渠道商不认为康柏公司这样做是为了与戴尔公司竞争，而是想绕过渠道商，取代渠道商的地位，从而招致了渠道商的不满。

接下来康柏公司的一通操作，更是让渠道商心寒。以北美市场为例，康柏公司将原来的39个渠道分销商砍得只剩下数个，康柏公司这样做仅仅是为了降低压在渠道商手里的库存成本。但最终康柏公司还是被惠普兼并。虽然康柏公司并没有通过电子商务取得阻击竞争对手的胜利，但它处理线上渠道与线下渠道矛盾的经验还是可圈可点的。

（一）线上渠道与线下渠道的矛盾

线上渠道与线下渠道二者之间是对立关系吗？显然不是，二者必须协调发展。但在实际操作中，二者的利益冲突却十分明显。

首先，O2O（Online to Offline，线上到线下）模式不可能脱离线下渠道。线下资源是O2O模式建设的优势，也是劣势，处理不好就会适得其反。有些实体企业为了减少O2O建设过程中线下资源受到的负面影响，将O2O独立运营，把线上业务以及一部分能够整合的线下业务放在同一个体系下，这样一来，受到的阻力就较小，执行难度也不会那么大。当模式成熟后，再彻底实现O2O转型。

采用这种方式，虽然在一定程度上解决了O2O建设中存在的问题，但是在不完整的资源体系的基础上建立起来的O2O模式常常无法独立健康地发展，需要大量的资源扶持，而资源提供方通常是传统的业务部门，也就是说，传统部门自然不愿意为这个新部门提供支持，因为一旦提供了支持，这个新部门就会反过来抢夺传统业务，从而造成二者之间的博弈，最终以O2O业务的失败而告终。

其次，O2O模式让一些传统企业在饱受电商冲击之下，找到了一条可寻求突破的道路。于是，很多传统企业集中精力引流，可结果却发现，这不但让消费者不领情，就连线上的经销商和线上的电商团队都感到不满。这是因为引流只是O2O模式的操作手段，若无法厘清产品的渠道体系，O2O引流只是将消费者从一个购物渠道带到了另外一个购物渠道，这样做的结果必然会导致渠道之间的利益冲突更加明显。

（二）线上渠道与线下渠道矛盾的解决办法

现在用户的需求越来越多样化，对企业的要求也越来越高。比如，有的人在企业网站上看到了某款产品的促销活动，便付款订购了该产品，过后可以到实体销售店去取货，这种消费方式很方便，深得消费者喜欢。

但是，对于企业就提出了更高的要求，要满足客户的需求，就必须拥有强大的线上线下渠道协同的能力，要提高线上线下渠道的协同能力，首当其冲就是要想办法解决线上渠道与线下渠道的矛盾，具体方法如下。

1. 通过在线上渠道销售某种特定产品来加以区分

康柏公司在开始实施线上渠道战略时，出于对现有渠道商的利益考虑，就在线上渠道专门销售面向中小企业用户的电脑，目的也是为了与线下渠道商销售的个人电脑加以区分。同样，美国高科技电子产品零售商Sharper Image在开拓线上渠道的时候，只在线上销售库存过剩的产品和反季的产品，这样一来，就不会引起线下渠道商的不满，从而取得了非常好的效果。

2. 线上只接受线下零售渠道覆盖不到的地区用户

2009年5月，Amazon.com公司推出Kindle DX电子阅读器，Kindle DX电子阅读器具有高速无线互联网接入的功能，用户在线就能够浏览大量内容。但是这一做法会对传统媒体造成一定的冲击，为此，Amazon.com公司想到了一个好办法，就是与传统媒体如《华盛顿邮报》《纽约时报》《波士顿环球》先商量好，Kindle DX开展的促销活动中只面向印刷版覆盖不到地区的读者，这样就兼顾了双方的利益。

3. 线上渠道只处理小额订单

企业也可以从订单额度上对线上渠道和线下渠道加以区分。比如，在线上渠道只处理小额度订购单，额度较大的订单依然由经销商来处理。一家名为Jackson的公司，在线上销售电焊器材、防护镜等产品，但只接受订单不超过1000美元的客户，那些订单超过1000美元的客户，会被系统自动地引导到分销商那里，由他们负责处理。

4. 不做具体销售，只做品牌展示

现在不少消费者都有网购的习惯，不管是大件产品还是小件产品都从网上购买，但是在线下我们依然能看到一些实体店的存在，而且实体店装修得温馨宜人，但可能进店的人并不多，那么，这些店面有必要存在吗？其实，这些店面存在的目的并不是做具体销售的，只是为了做品牌展示。

比如，惠普公司就曾发布过一个网站，让大型医院在线上采购产品，并且将在线上购买的价格与其他渠道购买的价格都公布出来。也有的公司会将线上销售的利润分出一部分给经销商，比如康柏公司会对带来在线销售的渠道商，给予一定的"代理费"。

企业若能采用专门的渠道管理软件，与渠道商实现信息共享，或者与渠道商的电子商务平台整合起来，这也是一个消除矛盾的方法。

分销渠道管理的难点与关键点

生产企业对渠道进行有效管理，主要体现在两个方面：一方面确保渠道的稳定性，不被同行挖走墙角，导致渠道成员流失；另一方面确保渠道的有效性，使渠道能够稳定产出。

生产企业对渠道进行管理主要解决的是渠道的宽度和深度问题，前者是为了解决渠道覆盖率的问题，后者是为了解决渠道的单位产出问题。

这两个问题之所以在渠道管理中普遍存在，主要是因为生产企业在渠道拓展和管理中未形成系统化、科学化的渠道管理方法，即皆为碎片化的措施，比如在人力、财力、物力等方面的使用上都表现得非常随意，缺乏系统化、规范化、标准化的管理机制，这是分销渠道管理中的难点，也是关键点。那么，如何解决这一问题呢？生产企业应从以下六个方面去建立渠道管理机制，实现渠道管理模式的标准化和规范化。

（一）品牌管理

品牌是生产企业与竞品相区别的重要因素，因此，生产企业应加强对渠道成员的品牌管理，主要包括以下四个方面。

1. 品牌定位及策略的宣传

生产企业在面对每个渠道商时，首先就应将企业品牌的定位、品牌策略、市场营销策略告知对方，并让对方能够深度理解，从而达成对品牌定位及策略的认同。只有统一了思想和观念，才能更好地开展渠道营销。

其次，关于品牌宣传，有些生产企业存在着严重的误区，认为经销商也应该承担起品牌营销推广的重任，因为这事关经销商的收益。这种看法表面上看似有道理，实则经不起推敲。因为市场瞬息万变，经销商随时都可以易主，他们拥有的只是特定区域里某个品牌的使用权，而生产企业却始终掌握品牌的所有权，因此，归根结底生产企业应该承担起品牌宣传推广的重任。

2. 品牌的授权

生产企业与渠道商之间要签订品牌使用授权书，在其中要明确品牌使用的责任、权利、利益，规范品牌元素的使用标准，包括品牌标准话术、危机管理等，并就如何做品牌推广，如何提升品牌的知名度、影响力等对渠道商进行指导，必要时要定期检查渠道商的工作是否真正落实了，是否做得到位。

3. 品牌宣传推广的有机结合

在品牌宣传推广方面，常常是企业花了大力气研究品牌传播策略，并制订出了切实可行的品牌传播计划，可到了渠道商执行时，结果就相差十万八千里。原因是要么计划不符合渠道商的实际情况，要么渠道商执行不到位，总之，会出现各种各样意想不到的问题。

因此，企业在研究和制订品牌传播策略与计划时，一定要考虑渠道商的实际情况，提前与渠道商进行深入沟通，让他们能够真正理解企业之所以做这些的意图，让品牌宣传推广能落到实处，以免花了巨大的人力、物力、财力，最终却打了水漂，品牌宣传推广未激起一点涟漪。

4. 规范视觉识别系统使用标准

视觉识别系统（Visual Identity，VI）是运用系统的、统一的视觉符号系统，终端是与消费者"亲密"接触的窗口，因此，一定要建立标准化的终端视觉识别系统使用标准，从而打造具有高辨识度的终端形象。

（二）产品管理

产品管理是渠道管理的重点，一方面要认真执行企业的产品策略和产品活动计划，另一方面要规范渠道商的销售行为，具体包括以下两个方面。

1. 规范终端产品出样及品相展示

生产企业应对渠道商输出整套终端出样产品的规格、型号，以及品相的要求，并监督其严格执行到位，因为出样率决定成交率。

2. 产品销售策略的执行

生产企业要将产品的销售策略因地制宜地优化和调整，并结合竞品在各个渠道开展，指导渠道商对产品销售策略认真执行，保证执行到位，包括产品价格政策的执行、产品品类的差异化策略制定与执行等。

（三）业务管理

生产企业对渠道商的业务管理主要是指帮助渠道商提高销售业绩。首先，生产企业要制订详细的业务拓展计划；其次，指导协助渠道商开展业务工作。比如，产品策略与价格策略的制定，促销活动的设计与执行，品牌推广策略的设计与执行等。

（四）管理输出

提高渠道商的管理水平，与提高渠道商的销售业绩是密切相关的。生产企业对渠道商的管理输出包括以下几方面。

1. 业务管理

业务管理主要是做好报表的输出与分析，包括产品进销存管理报表、促销活动投入产出分析报表、产品结构分析报表、产品利润分析报表等。

2. 目标管理

目标管理的重点是年度预算编制及预算的执行与修正、年度销售目标分解与执行、市场拓展目标制定与执行、渠道拓展目标制定与执行等。

3. 计划管理

计划管理是指对业务管理和目标管理的执行情况进行规划，做到有计划地进行。比如，把年度目标划分成季度目标、月度目标、周目标、每天的目标。先落实到部门，再落实到每个人，然后落实到产品、门店，甚至是细化到产品的型号等。

（五）流量管理

在移动互联网时代，流量是生产企业最宝贵的资源。如何帮助渠道商引流，给渠道商导流，帮助渠道商提高转化率，并降低引流成本，提高客单价，这些都是生产企业必须考虑的问题，也是生产企业之间争夺渠道的一个个有力的武器。渠道商在选择与之合作的生产企业和品牌时，通常会非常看重流量问题。

（六）文化管理

生产企业对渠道商进行文化管理，是最容易忽视也最不被重视的问题。殊不知，文化管理是促成双方长期合作的一个重要因素。一方面，生产企业要与渠道商建立沟通交流机制，可以通过会议、培训等方式潜移默化地传递企业的文化；另一方面，渠道商的组织机构、办公环境、办公文件、绩效方式、员工关怀等方面要与生产企业保持统一。

第九章
全链路营销之渠道产品管理

产品第一，营销第二

产品与营销谁更重要，谁是排在第一位的？很多人误认为营销最重要，其实不然。产品与营销分别是1和0，因为没有质量过硬的好产品，即使营销再怎么做也是徒劳的。

可能有人认为产品销售不出去是因为营销做得不到位，实际并非所有的问题都出在营销上，很有可能是因为产品本身质量就不过关。所以，越是销量不好，越应该从产品上找原因，究竟是产品质量不好，还是产品体验不佳？我们与竞品的差异在哪里？

营销无法解决产品问题，而产品问题又是决定营销效果的重要因素之一。海尔冰箱就是通过"砸冰箱"的举动，扭转了服务理念，一下子声名大噪。

1985年，海尔公司创业的第二个年头，当时正值改革开放初期，我国不少企业从国外引进了冰箱生产设备和技术，当时人们对冰箱的需求十分旺盛，已经到了供不应求的地步。

有一天，海尔公司收到了一封用户来信，用户在信中抱怨他买到的冰箱存在质量问题。于是，张瑞敏将公司库存的400台冰箱逐一检查了一遍，发现有76台冰箱存在质量问题，该如何处理这76台存在质量缺陷的冰箱呢？工厂内部经过研究讨论，认为这些问题并不是什么大问题，可以将这些冰箱廉价处理给厂里的内部员工，作为工厂的福利。

当时一台冰箱的价格是800元，相当于一名职工两年的收入。可张瑞敏决定将这76台冰箱全部砸掉，他对员工说："我要是允许把这76台冰箱卖了，就等于允许你们明天再生产760台这样的冰箱。"他不仅要砸掉冰箱，而且要制造这些冰箱的工人亲自来砸，当时很多职工都为此流下了眼泪。张瑞敏就是要借此机会给大家树立一个观念——有缺陷的产品就是废品。

此后，海尔公司开始全面质量管理。1989年，当市场供大于求，冰箱普遍降价时，海尔冰箱的价格即使上涨了12%，用户仍然排着队购买海尔冰箱。

通过这件事可以看出产品质量有多么重要，正是因为海尔公司的格局足够大，在同行盲目追求数量时，海尔公司却将质量看作是企业的生命，才有了今日的世界知名品牌——海尔冰箱。

在移动互联网时代，人们接触广告的机会比传统媒体时代要多得多，几乎铺天盖地的广告令人们应接不暇，不少企业因此认为只要加强品牌宣传推广，就一定能给产品带来销量，甚至认为用户购买某款产品，实际上是一种情怀。海尔公司砸冰箱的故事，也砸醒了抱有这种幻想的人，并且告诉我们一个至简的道理——产品第一，营销第二。

没有好的产品，就不可能有好的市场。多年前，格力曾有一款空调的销量特别好，营销人员非常高兴，认为公司一定会嘉奖他们，结果公司却奖励了空调的研发人员，而不是营销人员，这令营销人员大为不解，公司对此给出的解释是"没有研发人员研发出这么好的产品，你们凭什么卖得好？"这便是格力提出的"工业精神"的发端。

现在有不少企业仍属于"营销主导"型企业，而不是像华为、海尔这样是以"技术主导"为主的企业。将营销放在第一位，产品放在第二位，折射出的是企业的功利心，是太想抢占市场，太想盈利，因为没有对产品和技术引起足够的重视，在投入的力度上自然不足，这也是导致"中国制造"长期不能和国际品牌竞争的重要原因，只能走低价格路线。

我们要认清营销的本质是什么，即通过满足消费者的需求来实现自己的盈利。企业要站在用户的视角去思考问题，想一想我们可以为用户提供什么样的产品或者服务，我们的产品或者服务为用户解决什么问题，如果没有将产品和用户的需求建立起联系，任何营销手段都是毫无意义的。

有些企业经常有这样的疑惑：花了那么大力气做推广宣传，流量也不错，可产品为什么就卖不出去呢？因为不管做多少推广，写多么好的营销文案，营销策划做得多么有创意，只要你的产品没有满足用户的需求，所有这些都是无用功。这就和谁也不会花钱买一个毫无价值的产品回来的道理是一样的。

另外，企业不要认为营销只是市场部的职责所在，营销是与消费者建立起沟通的渠道，了解消费者的需求，因此营销人员是最了解市场的人，但他们又不是产品的生产者，他们不懂得产品研发，这就需要营销人员与产品研发人员相互配合，制造出能够满足用户需求的产品，才能打开市场，赢得消费者的信赖。

总之，企业要改变"不怕产品不如人，就怕营销力度小"的陈旧观念，因为现在消费者的观念在升级，并且无时无刻不在发生变化，他们不会因为一个富有创意的广告就被忽悠了。站在社会效益的角度来看，低质、低价的产品本身就是对资源的巨大浪费。所以，一定要明白"产品是本，营销是末，本末不可倒置"的道理。

必须做好产品的品控管理

品控指的是从原料把控、生产加工、产品制成、成品检测到成品入库，以及售后质量的跟踪解决的全过程，包括完整的质量控制和管理链。

品控是对产品制成的质量控制，企业对产品进行品控管理，主要从两个方面入手：一方面是质量的管理与控制，另一方面是实施链式管理模式。

（一）质量的管理与控制

企业若要进行精益生产，就必须做好质量管理。造成产品质量发生波动的原因主要有六个，即5M1E，具体内容如下。

人（Man/Manpower）：操作者对质量的认识、技术熟练程度、身体状况等。

机器（Machine）：机器设备、工夹具的精准度和维护保养状况等。

材料（Material）：材料的成分、物理性能和化学性能等。

方法（Method）：工装选择、加工工艺、操作规程等。

测量（Measurement）：测量时采取的方法是否标准、正确。

环境（Environment）：工作地的温度、湿度、清洁条件、照明等。

在以上六大因素中，人是其中最活跃的分子，也是影响产品质量最重要的因素之一，因为员工的一举一动都有可能影响产品的质量。比如，因员工技术水平的原因，无法让工作顺利完成，造成产品质量问题；员工思想意识中缺乏质量概念，没有严格按照产品质量要求工作；员工责任心、工作态度等也会影响产品质量。

由此可见，人是企业质量管理工作中最难掌控的因素，企业要做好质量管理工作，保证产品质量，就必须做好与"人"相关的质量管理工作。在实际的质量管理过程中，企业通过制定质量控制程序来有效指导员工如何更好进行地质量管理，主要包括以下六个方面的工作。

1. 作业指导

企业应针对影响产品质量的过程，编写出作业指导书，对生产流程进行指导，以及确定质量控制条件等。作业指导书应确保是现行有效版本，不应是过时的旧版本，并达到完整、正确、统一、协调、清晰、文实相符的要求。生产需要使用的设备应达到有关文件的要求。

2. 专业资质

生产过程配备的人员必须经过岗位培训，按照生产提供策划的安排对产品放行、交付以及交付后的活动进行控制，生产过程中使用的产品必须具有合格证明文件，否则不能投入生产。

3. 文件管控

生产过程中使用的文件禁止随意更改，需要更改的文件必须按照有关规定办理。比如，采购产品、设备、工艺等需要更改时，必须经过授权人审批。在生产过程中，产品必须具有唯一性标识，并做好对产品可追溯性控制，做好标识和记录，以备日后追溯。产品标识和可追溯性的控制必须按照有关规定执行。

4. 检验标准

生产过程中使用的测量、检验、试验等方法，必须符合有关规定的要求，并保证其处于受控状态。产品必须在符合要求的工作环境中生产，如温度、湿度、清洁度、照明、防静电等。

5. 保存防护

产品从接收、内部加工放行到交付用户的过程都必须采取一定的防护措施，从而确保产品的质量。产品范围包括采购产品、过程产品和最终产品以及组成部分。为避免产品在使用或者交付前受到损坏，必须将检验合格的产品放到库房，产品入库后，库房管理人员必须按照产品堆放要求放置好产品。产品交付前，相关人员必须采取一定措施做好产品的防护，避免产品损害，直到用户指定的交付时间。

6. 售后追踪

产品交付后，并非万事大吉，销售部还要定期对用户进行访问，收集和分析产品使用和服务中的相关信息，为日后改进提供帮助。产品交付后若发现问题，销售部要及时采取相应的纠正或者预防措施，并按照规定向生产企业报告有关情况。

（二）实施链式管理模式

链式管理是人们对管理诸环节之间以及诸环节内部构成的诸要素之间内在关系的认识不断深化和有效把握的体现，其作用在于充分调动全体员工的积极性，简化企业管理者的工作程序，降低生产成本，提高经济效益，真正实现了企业内部模拟市场经济。链式管理模式包括考评体系、价格体系、仲裁机制等内容。

1. 考评体系

每个生产环节的产品或半成品及服务的质量如何，需要下一个生产环节进行考评，这关系到下一个生产环节是否接受其服务，也关系到被考评生产环节的收入，因此，必须建立完善的考评体系。在建立考评体系时，除了要遵循公正性原则和可操作性原则外，还应维护考评标准的权威性，即考评者按照规定的标准支付劳动报酬。

2. 价格体系

考评者对被考评者的劳动成果做出评价后，考评者应支付给被考评者与考评结果相符的劳动报酬，这就需要建立相应的价格体系进行规范，建立价格体系时应遵循全局性原则、市场性原则和可操作性原则。

3. 仲裁机制

仲裁机制有利于协调各生产部门出现的重大问题，对考评指标体系和价格体系的条款进行修改，对影响企业发展的重大问题进行调节，以及负责监督和评价各部门在执行考评体系和价格体系时的规范性。

建立仲裁机制时应遵循权威性原则、公正性原则以及全局性原则。仲裁委员会通常由企业的决策层人员组成，以便更好地实施链式管理模式，是链式管理模式中的最高决策机构。仲裁委员会对于部门之间难以协调的问题，必须按照有关规章制度公平公正地做出处理，要从全局利益出发，尤其是对于关系到企业整体发展的重大问题，必须采取得当的措施。

不可忽视的产品生命周期

产品生命周期（Product Life Cycle，PLC）是产品的市场寿命，指产品从准备进入市场开始到被淘汰退出市场为止的全部运动过程，是由需求与技术的生产周期所决定。大多数产品从出现到消失经历四个阶段，即导入（进入）期、成长期、成熟期（饱和期）、衰退期（衰落期）。

对产品生命周期进行管理，实际上就是判断出产品此时正处于哪个周期，企业应该制定出怎样的策略来应对不同周期的产品。在产品的整个生命周期中，需求管理是贯穿始终的。我们以智能手机为例，讲解需求与产品生命周期管理之间的关系。

智能手机因具有无线接入互联网的功能和PDA（Personal Digital Assistant，掌上电脑）的功能，已经成为市场的主流。智能手机刚上市的时候，由于价格比较贵，能够购买智能手机的消费者占少数，但是一些消费者还是愿意去尝试新鲜的产品，在这个阶段，消费者购买这类产品，基本没有太多选择。

随着技术的不断发展，制造成本不断下降，仅几年的时间，智能手机的品牌越来越多，消费者可选择的空间越来越大。在这个阶段，消费者在购买智能手机之前，通常会做比较多的考察工作，而且还能决定购买何种品牌的智能手机。

随着智能手机的大众化普及，以及功能越来越强大，早期购买智能手机的消费者开始有了升级的要求，他们会根据早期购买的经验，以及自己的偏好来选择购买新的产品。但随着科技的进步与发展以及消费者对智能手机提出新的期望，消费者往往会在市场上寻找不到自己期望中的智能手机，或许在不久的将来就会有更强的技术可以生产出更新的智能手机。

智能手机刚进入市场的时候，属于产品生命周期的引入期，随着智能手机的发展，开始进入成长期，大规模普及后，进入成熟期，直到最后进入衰退期。当然，目前智能手机还未进入衰退期。那么，在这个过程中消费者的需求是如何变化的，企业又该采取怎样的策略来应对不同生命周期的产品呢？

（一）进入期

在进入期这个阶段，消费者已经对非智能手机有了不满，但是具体哪里不能满足自己的需求，他们自己可能都说不清楚，只是智能手机推出后，因具有无线接入互联网和PDA等功能，吸引了一部分消费者，他们开始尝试新的产品。此时消费者对智能手机有新的需求，但这类需求未有明确喜好，仅是为了改善现有用户的体验，因此这类需求称为"初级需求"。

新产品刚上市，销售缓慢，因进入期产品的费用较高，此阶段利润偏低，甚至还有可能亏本，不过这个时候没有竞争对手，或者只有很少的竞争者。在这个阶段，用户对产品还不是很了解，目标用户是愿意尝鲜的少数消费者，所以销量很低。

在这个阶段，通常不追求用户数量的快速增长，一方面是因为产品功能和体验还不够完善，还需要打磨；二是涌入的用户中很可能带来大量非目标用户，他们对产品的负面评价，很有可能会给后期的推广带来不可预料的麻烦。

此时，在产品方面，企业要建立起品牌与质量标准，并对其进行知识产权保护；在定价上，可以采取低价位的渗透法来抢占市场份额，也可以使用高价位的撇脂定价法回收开发成本。不过，在渠道选择方面应慎重，若开展促销活动，应瞄准早期使用者，直到消费者认可产品。

（二）成长期

随着技术的发展和逐步成熟，以及成本的不断降低，越来越多的企业开始瞄准智能手机市场，消费者对这类产品的关注度也有所提高，企业为满足消费者多元化的需求，开始推出智能手机的新型号，性能指标得到不断提升，在这个阶段的需求称为"选择性需求"。

在成长期，产品已经有一定的知名度，销售额的增长速度较快，利润也明显增加，但因市场及利润增长较快，势必会吸引更多的竞争者参与进来，此时越来越多的消费者愿意购买产品，市场不断扩大。

经过进入期，产品得到了一定的验证，企业有一定的时间来调整和迭代产品，如果产品能够实现自增长，说明它是能够满足用户需求的，应进行运营推广，否则就说明产品不被用户认可，没有必要进行运营推广，否则只能加速产品的死亡过程。

在这个阶段，企业要维护产品质量，可能需要增加产品特性以及一些辅助服务，因为此时竞争较少，可维持定价。在分销方面，要加强渠道建设，渠道应随着需求的增长及客户的增长而增加；在促销方面，应瞄准更广泛的客户群。

（三）成熟期

随着智能手机的普及，早期购买者有了更新手机的需求，在这个阶段的需求称为"重复性需求"。此时市场成长趋势趋于饱和或者减缓，产品已经被多数潜在消费者所接受，利润在达到高峰后开始走下坡路。市场竞争非常激烈，公司为了增加产品销量，需要投入大量营销费用，企业的利润下降。

在产品方面，企业要想方设法增加产品特性，通过差异化与竞争对手进行区分，因为新的竞争对手出现，价格要有所下降。在分销方面，要强化分销渠道，给分销商更多的激励，提高他们的积极性，扩大消费者购买产品的机会。在开展促销活动时，要强调产品差异化，突出新产品特性。

（四）衰退期

在衰退期，消费者出现的需求是"新需求"。在这个时期，产品的销售量明显衰退，利润也大幅度下降，优胜劣汰，一些竞争力不强的企业被淘汰出局，市场竞争者越来越少，因更好的替代品出现，或者受到潮流等多种原因影响，消费者的消费习惯悄然发生变化，开始转向其他产品，使原来产品的盈利能力快速下降，产品走向衰退，最终退出市场。此时产品的整个生命周期结束。

在这个阶段，企业可通过增加新特性和开发新用途的方式，对产品进行重新定位，通过降低成本收割产品，可以继续提供产品，也可以让产品退出市场，或者将产品卖给其他公司。

创新产品与销售渠道的对接

制造商都深知营销的不易，构建一条成熟的销售渠道更是难上加难，特别是创新产品上市后，该如何与销售渠道对接呢？这是每个制造商都可能遇到的问题，也是急需要解决的问题。对于这个问题，我们首先要明白创新产品与传统产品有哪些不同，然后再根据创新产品的特点选择合适的销售渠道。

（一）创新产品与传统产品的差异

创新产品与传统产品存在多方面的差异，主要表现在以下几方面。

1. 创新度与成熟度的差异

通常，创新度与成熟度是一对矛盾体，创新程度越高的产品，成熟度越低，风险性也较高，对消费者来说，选择这类产品需要较强的容错能力。与创新产品相比，传统产品的成熟度高，风险性较低，但创新程度不高。

2. 从产品到商品的周期不同

产品与商品有什么不同呢？产品是指被人们使用和消费，并能满足人们某种需求的任何东西，包括有形的物品，无形的服务、组织、观念或它们的组合。商品是为了出售而生产出来的劳动成果，是人类社会生产力发展到一定历史阶段的产物，是可以用于交换的劳动产品。

从产品与商品的定义来看，商品是用于交换的产品，这就意味着，从产品到商品的过程中，需要完成有关的准备，需要满足上架销售条件，比如包装、测试认证、商标注册等。传统产品从产品到商品的周期较短，而创新产品要完成从产品到商品的转变，则需要很长的时间，需要做的工作包括包装的设计修改、产品的测试认证、商标及专利的注册申请等，这个周期往往是不可控的。

3. 文化上的差异

由于在不同的市场，消费者的消费观念、生活习惯、宗教信仰等多方面都存在着差异，这会导致有些产品在A市场是"爆品"，但是到了B市场就可能变成了滞销品，这就提醒我们在选择渠道的时候，一定要考虑文化差异方面的因素。

4. 团队差异

创新团队在产品创新方面有非常亮眼的表现，但是因其规模小且不够完整，在交易过程中产生的问题，在处理上往往会表现得较为被动，通常需要寻找第三方平台给予服务。相比之下，传统公司在人员、资源、配备等方面都非常完善，在处理客户交易时往往游刃有余。

（二）创新产品如何选择渠道

因为创新产品和传统产品存在着很大的不同，因此选择渠道时的要求也是不一样的。那么，创新产品是适合进入商超，还是走小型的渠道商呢？这与两个因素有关：一是产品的定位，二是制造商能否为渠道商提供较大的利润空间。

在为创新产品选择渠道时，我们需要充分了解渠道，看看哪些渠道是适合自己的，而不能以是否是品牌大客户作为衡量标准，因为品牌大客户与小散客户各有优劣势。

品牌大客户的优势主要是订单量大，且比较稳定；品牌影响力大，覆盖面更广；有健全的反馈体系；品牌背书较好。但同时也有劣势，比如流程复杂，决策的周期比较长；较为保守和敏感，缺乏弹性。

小散客户的优势表现为流程简单，要求低，宽容度高，勇于尝试，决策周期短，能够快速销售，实现营收等增长。劣势主要是附加值低，影响力小，业务稳定性和持续性较低，交易存在一定风险。

（三）良品铺子：持续创新产品＋全渠道营销策略

在2020年的"618"活动中，良品铺子全渠道销售额突破了5亿元。透过现象看本质，良品铺子取得骄人战绩的秘诀是：在持续创新产品的同时，坚持全渠道营销策略。

1. 持续创新产品

2020年上半年，良品铺子推出了不少儿童零食系列新品，升级了供应链产品"七日鲜"综合果仁和多款复合型口味零食，为销售业绩提供了强大的产品支撑。

2020年5月20日，良品铺子发布国内第一个聚焦儿童零食的子品牌——良品小食仙，这是其在定位高端品牌战略后，延伸出的第一个细分人群品牌。作为儿童零食标准制定者之一的良品铺子，在"618"期间，超过100万名家长在良品铺子为儿童选购食物。"7日鲜"综合果仁则主打"新鲜"基调，从生产到发货不超过七天，引发了消费者的关注与热评。

良品铺子为什么能够获得众多消费者认可呢？这与公司的定位高端战

略有关。2019年初，良品铺子决定走差位竞争的路线，在产品和供应链提升方面狠下功夫。经过一番努力，良品铺子的不少产品获得了国际大奖，如2020年"世界品质品鉴大会奖"、2020年"顶级美味大奖"以及"世界食品创新"入围奖等。

2. 全渠道营销策略

在新冠肺炎疫情期间，良品铺子积极推动新业务的发展，直播、短视频等一些新兴平台成了良品铺子在"618"大促期间的"种草"渠道。针对零食产品，良品铺子邀请刘敏涛、刘涛、傅首尔、李静等多位明星宝妈加入到"良品小食仙"的"种草"队伍中来，借助名人效应，使产品在宝妈群体中很快获得了广泛的认可。

在2020年"618"之前，良品铺子参加了天猫"618"互动城"湖北车厢"的活动，湖北省优选了将近100个特色产品，通过平台流量扶持，利用短视频、直播以及各地县直播带货等手段，将湖北特产展现在全国网民的手机屏幕上。

如今，直播带货成了一种新的趋势，良品铺子也在与时俱进，加大了对直播带货业务的投入力度。

怎样合理规划产品线

产品线是指一群相关的产品，这类产品可能功能相似，销售给同一类型顾客群，经过相同的销售途径，或者在同一价格范围内。关于产品线，我们要了解几个关键定义：产品线的长度、产品（组合的）深度、产品（组合的）宽度、产品线的相关度。

产品线的长度是指每一条产品线内的产品品目数。在众多家电中，洗衣机是一个产品线，洗衣机从低端产品到高端产品，种类特别多，各个价位的洗衣机都有，这就是产品线的长度。

产品（组合的）深度是指每一生产产品品目内的品种数。比如，同一个价位的洗衣机有多少种类，同是3000元的洗衣机，可能有15种型号。

产品（组合的）宽度是指拥有的产品线数目。比如，有的企业有冰箱的产品线，还有电视机、空调的产品线等。

产品线的相关度是指不同的产品线在性能、用途、渠道等方面可能存在某种程度的相关性。比如，海尔主要的产品是彩电、洗衣机等白色家电，同时在手机、电话等黑色家电领域也有涉足。

以上四个方面为确定产品战略提供了相应依据。比如，万科的产品总体战略是通过延长产品线来锁定终身客户。针对不同客户的需求和不同项目的特性，万科用标准化的产品解决规模化生产与跨区域开发的问题，由此形成四大产品系列：高档系列、金色系列、四季系列、城花系列。

高档系列提供的是位于稀缺地段或者占有稀缺景观资源的住宅，金色系列提供的是位于城市中心的住宅，四季系列提供的是位于郊区的住宅，城花系列提供的是位于城郊的住宅。

产品线规划涉及的主体多、影响范围广、关联的要素泛，企业要根据不同的产品品种进行产品线规划，并确保产品线战略和企业战略的高度一致，主要的方法有以下三种。

（一）通过细分市场规划产品线

产品线规划的主体应包括企业的研发、市场、销售人员，以及决策层和高管层，需要在充分调研整个市场的基础上进行反复讨论。也就是说，企业在规划产品线时，必须以市场为导向，将目标细化分层，建立产品与细分市场的对应关系，通过对产品的结构调整，使不同产品都能在合适的市场释放出潜力和能量。

需要注意的是，通过细分市场来规划产品线的时候，要明确每个产品的定位，要对细分市场有较强的针对性，以免出现产品线之间自相残杀的情况。

（二）根据产品的地位与作用规划产品线

每个产品在公司的地位和作用都是不同的，企业可以以此为标准来规划产品线。

1. 形象产品

形象产品又称为新概念产品，此类产品的价位和科技含量一般都非常高，具有体现差异性的功能，往往是企业发展的趋势。它代表的是企业的经营能力与生产水平，这种产品不是为了销售获得高额的利润，而是为了提升企业的外在形象。

我们在逛大型商超的时候，经常看到有些商品的价格高得离谱，摆在那里已经很长时间，似乎也没有什么销量。比如，等离子彩电刚问世的时候，有些家电专卖店就会摆放自己品牌的等离子电视机，标价高达五六万元。可是，有多少人会花这么多钱买一台等离子电视机回家呢？恐怕凤毛麟角吧。它摆在那里只是企业证明自己实力的一个见证，并不是为了销售，而是为了在顾客心中留下对企业的深刻印象。

2. 主销产品

主销产品销量大，价格低，利润空间小，如普通的冰箱、彩电，每个厂家的产品都差不多，价格也相差无几，销售量非常大。主销产品主要用于分摊掉企业的运行成本，产品的销量越大，分摊的成本就越低，这就是此类产品存在的意义所在。

3. 上量产品

上量产品虽然也是大量生产的产品，但与主销产品不同，此类产品的价格比主销产品的价格更低，甚至不赚钱，只维持在保本的状态。既然如此，企业为什么还要大量生产呢？因为这类产品能够提高市场占有率，并且可以分摊成本。

比如，生产米醋的企业，它的某一款产品是主打产品，但同时它还有很多低档产品，虽然盈利不多，但企业并不会将这些低档产品停产。如果只卖主打产品，为经销商送货就不值得，因为经销商不会大量进高档产品，进的大多是便宜的低档产品，低档产品虽然利润小，但与高档产品一起送货，就比较划算，这就是上量产品。

4. 主利润产品

主利润产品主要是指同竞争对手相比，差异性较大的产品。此类产品的销量可能不是很高，与上量产品和主销产品无法做比较，但它的附加值较高，价格在中高价位，可以给企业带来丰厚的利润。

5. 参比产品

参比产品是企业的一种策略，即开发一个和竞争对手产品相同的概念性产品，然后与自己的产品加以对比，从而体现出自己产品的价值。

6. 辅助产品

辅助产品不为追求利润，而是通过增加产品宽度来证明企业的实力。比如，只有增加产品品类，才能增加在超市的上架面积，以此来证明企业的实力不凡。

（三）兼顾战略和产品结构

企业应结合自己的整体发展战略对产品线进行规划，在做规划时应与企业的主业形成紧密的关联性。比如，某药企的产品线都是处方药，在临床渠道进行销售，那么，在进行零售端的产品线规划时就要十分慎重，因为该领域的资源不多。

与此同时，企业的产品线规划如果能和原有的产品关联，形成大品类、大领域的产品线规划，将有利于降低推广成本，延长产品线，同时也有利于扩大品牌影响力。比如，一些家电企业原来生产的主要产品是冰箱，现在推出了空调、洗衣机的生产线，那么，就可以形成大品类、大领域的产品线规划。

此外，在进行产品线规划时，企业还应兼顾产品结构齐全的原则，从而使产品组合达到最佳状态，以平衡当前利益与未来利益。

第十章
全链路营销实战案例

腾讯、字节跳动、百度的链路营销

近年来，互联网巨头先后掀起了链路营销的风云，可谓八仙过海、各显其能。下面就以腾讯、字节跳动和百度为例，看看它们都是如何开展链路营销的。

（一）腾讯的链路营销

在数字营销时代，营销制胜的关键在于创意和技术的整合，腾讯坐拥强大IP内容，以及微信、QQ、AR、AI前沿技术，在整合营销方面有不俗的表现。

2017年，在"十年智汇 慧赢未来——2017腾讯智慧峰会"上，腾讯提出了"ONE TENCENT"理念，通过整合腾讯营销平台优势，为品牌营销赋能，打通营销全链路，从而打造出融合、共生的营销生态。腾讯推出了基于资源整合与打通的三大创新解决方案，如图10-1所示。

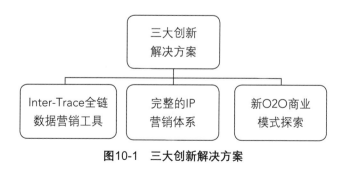

图10-1　三大创新解决方案

1. Inter-Trace全链数据营销工具

该工具是利用腾讯的应用数据能力和内容实力，从营销策划、沟通、追踪三个方面为广告业主提供全链条服务。

2. 完整的IP营销体系

该体系打通游戏、影视、资讯、文学、体育、动漫、音乐7大领域，把IP内容作为合作基础，通过社交来扩大影响力，通过IP授权推动转化并实现衍生定制开发，从而将内容、品牌和用户有效地连接在一起。

3. 新O2O商业模式探索

新O2O商业模式是以腾讯独有的三大能力（精准识别消费者、全面覆盖消费场景以及商业模式的科技创新），通过连接与赋能，实现腾讯、品牌和零售商的三方共赢。

在"ONE TENCENT"的理念下，腾讯通过共享数据能力，共建内容营销生态，和广告主以及合作伙伴共同探索O2O商业模式，打开营销想象空间新次元。

（二）字节跳动的链路营销

字节跳动旗下的官方营销服务品牌巨量引擎，在2019年10月推出了可帮助品牌进行策略定向和效果评估的量化体系和标准——"O-5A-GROW"模型。

5A是指5A模型理论，它重新定义了用户和品牌之间的关系，即Aware（感知）、Appeal（好奇）、Ask（询问）、Act（行动）、Advocate（拥护），该模型很好地还原了用户和品牌之间关系流转的全过程。

O（Opportunity），分成四部分：基于流转分析挖掘的人群、基于历史投放高CTR（Click-Through Rate，点击率）扩展人群、用户行为和兴趣定向人群、传统DMP（Data Management Platform，数据管理平台）定向意向人群。

O将人群分类，并结合5A模型理论进行区分，根据用户行为反馈的数据给他投放相应的信息，然后观察不同人群的反应，从反应中判断出他属于5A中的哪一种关系，再用GROW去驱动他。

GROW是从品牌知名度（Gain）、深度"种草"（Relation Deepening）、众媒养成（Owned Self-media）以及口碑建设（Word of Mouth）的角度对营销活动进行科学评估，指导营销的下一步优化。

"O-5A-GROW"能够清晰地看到营销过程中的用户流转数据，使品牌在全链路中掌控用户的转化过程，通过营销漏斗，可以发现哪些是新的消费群体，从而帮助品牌找到增长的可能性，开发出新的用户群体。

（三）百度的链路营销

近年来，百度商业产品改版力度较大，那么，改版后百度的营销工具有哪些呢？它是如何通过这些营销工具实现链路营销的呢？

1. 基木鱼

基木鱼既是建站工具，又是一个营销场景，具有线索转化、数据监控等优势，当前可支持的组件有图文、视频、电话、直播、在线等，能够更好地为广告主提供营销推广服务。

因基木鱼具备强大的编辑器功能，因此它可以支持一键生成百度智能小程序功能，除了单页站点和小程序外，还具有多页站点，能够多维度地搜集线索，从而满足多种线索转化需求。值得一提的是，基木鱼还具有站点分析功能，可以进行AB测试与数据转化。

2. 观星盘

2019年，百度营销推出全链AI营销数据平台观星盘，观星盘具有三大核心能力。

一是全域数据洞察。观星盘汇聚百度域内数据、合作伙伴数据以及客户数据，组成全域数据，从而构建用户行为标签，深度洞察用户特征与品牌，帮助品牌寻找到精准目标人群。

二是全媒体策略触达。观星盘可提供覆盖全媒体矩阵的统一策略制定、一站式分发、统一效果度量，从而实现一站式全媒体用户策略触达。

三是全链路资产沉淀。广告投放后，观星盘可以进行效果度量与追踪，全链路数据沉淀、分析以及再营销，从而构建覆盖用户生命周期的整合营销能力。

3. 爱番番

爱番番是一款智能顾客引擎，为客户提供贯穿营销、销售、服务的全链条一站式线索运营管家，为客户私域营销提供有效连接和持续培育。主要产品功能包括全员推广、自动化营销、全渠道客户数据平台CDP（Customer Data Platform）等。

以全渠道客户数据平台CDP为例，它能够管理各种私域潜在客户数据，形成统一的数据资产；"潜客分群"功能可以帮助企业实现个性化人群圈选，多渠道个性化触达私域潜客；支持渠道营销过程和多角度效果分析。

4. 百度智能小程序

2018年7月，百度智能小程序正式上线，它是一种智能连接人与信息、人与服务、人与万物的开放生态。智能小程序支持多种原生化组件，提供包括图片查看器、TTS、音视频等在内的沉浸式体验，并提供一键登录、支付、开发票等功能，以及支持消息通知、订阅提醒、客服私信、卡券促销等运营。

在获取用户方面，用户可以在百度APP多种场景下使用智能小程序，帮助开发者持续触达精准用户。此外，它还能提供多套行业解决方案，帮助开发者深耕业务。

欧莱雅、联合利华的全链路营销模式

欧莱雅和联合利华作为全球知名品牌，在广告和营销领域的一举一动都会成为行业的风向标。下面，我们就来看一看它们是如何进行全链路营销的，有哪些是值得我们借鉴的。

（一）欧莱雅全链路营销

越来越多的品牌对"品效协同"有着狂热的追求，可品牌的长期价值与广告效果转化该怎样更好地协同，令不少品牌营销人感到头疼。

2020年"双十一"期间，欧莱雅将旗下的明星产品"黑精华"作为重点推广产品，举办了基于"瓶瓶空瓶"话题的系列活动，通过多渠道联合宣传推广，在增加品牌和产品曝光度的同时，实现流量高效转化。

值得称道的是，欧莱雅在选择推广渠道时，将OTT大屏（Over the Top，智能大屏）和深受大众喜爱的短视频结合在一起的"抖屏"作为重要渠道，达到了"品效协同"的双重目的。在这次活动中，欧莱雅联合"抖屏"的大屏宣传活动的曝光量达到了100万次，转化数据也十分喜人，大大促进了欧莱雅品牌的"双十一"销售和"种草"。那么，欧莱雅具体是如何操作的呢？

1. 选择用户喜欢的触达方式，扩大品牌声量

近年来，短视频的用户增长迅猛，短视频在各类应用中的使用时长增

加明显，成了用户获取内容的主要渠道。在新冠肺炎疫情期间，OTT大屏成了家庭娱乐的中心，用户通过大屏观看短视频的需求明显上升，因此大屏短视频成了品牌触达用户的重要渠道之一。

抖屏则是一款跨屏、跨场景的短视频产品，是由易平方网络科技有限公司研发的，它将短视频与OTT成功地结合在了一起，给用户营造了大屏、高清的观看短视频的良好体验，提供了全新的交互方式。而且，抖屏用户呈现稳定增长的趋势，每日的使用时长也呈现上升态势。

抖屏的强大优势是让欧莱雅选择它作为推广渠道的重要原因，欧莱雅携手易平方进行营销推广，不仅避开了与其他品牌在移动端的惨烈竞争，而且实现了以大屏短视频这样一种深受大众喜欢的方式对目标用户进行触达。

2. 借助大数据赋能

以大众喜欢的媒介触达用户，只是营销推广的第一步，要想让用户真正喜欢上产品，还需要做到"三对"，即让广告以对的形式在对的时间出现在对的人眼前，使其成为对用户有价值的信息，要达到这一目的，必须借助大数据赋能。

抖屏通过对大量家庭做标签，并结合欧莱雅用户的特点，从众多群体中圈定出青年女性和中产家庭两个群体，在抖屏的信息流视频和TopView视频中，为用户精准推送欧莱雅产品信息，实现精准覆盖与触达。

3. 打通OTT购买链路，提高转化效果

让品牌曝光固然重要，但广告主同样注重曝光后的效果转化，实现"品效协同"才是最完美的结果，并且希望营销可视化。之前OTT因未打通购买链路，以及缺乏大数据支持下的精准营销能力，深受广告主的诟

病，如今OTT大屏已经有效地解决了这一难题。

在此次营销活动中，欧莱雅通过易平方DMP数据管理平台，可根据人群画像、用户行为、价格偏好等数据维度，精准投放广告。同时由于抖屏搭载了AI智能识别功能，能够对短视频中出现的欧莱雅产品进行精准识别。比如，消费者在短视频中看到欧莱雅的产品，就可以进入到电视淘宝的购买界面进行购买，也就是说，OTT短视频不再停留于品牌曝光这一层面，还能让消费者实现一键购买。

效果能否衡量，也是品牌方非常在意的问题。在抖屏投放中，借助电视淘宝的屏销宝及生意参谋后台，欧莱雅广告投放的交易、权益互动、用户行为等数据将传至系统后台，让投放效果可视化，为接下来的投放行为提供参考，以制定出更好的营销策略，让高效转化变为现实。

（二）联合利华的全链路营销

联合利华为达到"品效协同"的投放目的，曾和腾讯数据智库进行了有针对性的合作。腾讯数据智库相当于指挥中心，可以让联合利华借助它来了解品牌的人群画像，从而制定出相应的策略，并将不同策略发送到不同下游的营销工具，以触达人群，使营销做到了"千人千面"。不仅如此，腾讯数据智库还会将每次营销活动的效果数据呈现给联合利华，并对效果数据进行分析总结，以提高广告触达的有效性。

2020年10月，联合利华与零售商华润万家联手，在华润万家线下门店与O2O平台京东到家门店开展了洗护用品满减促销的活动，消费者可以通过微信朋友圈点击广告、领取优惠券，优惠券在线上和线下都可进行核销使用。

面对巨大的线上渠道流量池，怎样提高投放效率，是优惠券营销的关键。联合利华运用腾讯数据智库的多种数据工具，筛选出相应目标人群，优化营销投放预算分配，使潜在客群拓展能力得到提升，并促进了全链转化，使广告点击率、优惠券领券率等指标都得到了有效提升。

2021年，在"818抖音新潮好物节"中，联合利华举办了抖音超级品牌日，在活动前期，联合利华与巨量千川合作，采取"单品类深耕稳定人群模型，结合货品机制提升客单"的投放策略，为该活动导入了大量流量。在生意增量上，联合利华通过巨量云图等平台产品对人群进行分析和精准投放，取得了可喜的战绩。

活动期间，全网曝光量超过2亿，日均播放量峰值超过1900万，提高了集团声量，触达了更广泛的消费者，并通过直播间、达人直播带货等方式实现高效成交，在超品日活动期间，店铺下单新客达到93%。

淘宝用户增长全链路项目管理与分析

淘宝是一个具有电商属性的APP，每年双十一，淘宝的成交金额都屡创佳绩。殊不知，在这辉煌的背后依靠的是用户增长项目。众所周知，淘宝、支付宝已经成为我国互联网市场当中重量级的APP，如何才能超越自己，创造更大幅度的增长量，提升留存和效率，控制成本，都是亟须解决的问题，也是十分重要的问题。

因为手机淘宝是重要的流量入口，像天猫、聚划算、淘票票等APP都是通过手机淘宝用户增长来实现繁荣的，即淘宝用户的增长，对其他APP来说，是一荣俱荣、一损俱损的事情。

用户增长的本质是从用户体验、用户至上出发，最终给用户带来更高的价值，因此，项目管理必须以提升用户体验为出发点。淘宝用户增长项目的管理因涉及的部门多、需求多、角色多等原因，所以，推进起来面临着巨大的挑战。下面就让我们看看淘宝项目管理专家张孙恩是如何进行用户增长全链路项目管理的吧。

（一）确定用户增长项目的管理范围

用户增长项目的管理范围分为四个部分，分别是拉新与流失召回、留存转化、促活、进行横向支持。

1. 拉新与流失召回

拉新与流失召回的渠道与手段相似，通常是由一组人去完成的。拉新的关键点在渠道，主要包括阿里妈妈及第三方广告合作。除此之外，还有一个二方产品矩阵军团（包括支付宝、手机天猫、大润发、盒马鲜生等线上线下渠道），这些都是非常核心的资源，可构成整体的拉新矩阵。

2. 留存转化

获取新用户之后，会做一个全生命周期的运营。手机淘宝的首页是因人而异的，每个人看到的页面都是不同的，因为针对新人或不同阶段的用户，首页的利益刺激点都是不同的，因此，必须对用户进行精细化运营。

3. 促活

如今手机淘宝的场景权益大大拓宽了，可以在上面买电影票、点外卖等，淘宝的网上购物活动也精彩纷呈，不仅有"双十一"和"双十二"，一些线上线下的新零售场景都成了促活的重要阵地与矩阵。此外，淘宝还探索了一些互动与游戏化，如金币庄园。

4. 进行横向支持

分享传播玩法、大促活动、平台技术等，会横向支撑串连各个场景，用矩阵的方式支持整个用户增长各阶段的项目。

（二）全链路项目管理

确定好项目范围之后，接下来就要对部门、业务单元进行管理，包括目标管理、计划管理、过程监控、反馈调整。

第一步，从目标管理抓起，明确KPI。

第二步，梳理整体计划。

第三步，进行过程监督，识别过程中的风险及资源调配，通过会议横向拉通，将过程信息显现出来。

第四步，根据数据反馈的情况，不断地调整目标。

在以上管理中，其核心抓手是重点专项保障及沟通机制建立。在重点专项方面，会投入主要的资源去保障重点项目。比如，手机淘宝用户体验提升、新人首页精细化运营，就是重点项目。在沟通机制方面，建立起体系规范，主要有用户增长年度规划、月度需求评审以及总裁双周会等措施。

（三）年度战略规划的制定

传统做年度战略规划的方式是每个部门的中间管理层输出规划方案，然后发给部门负责人，形成年度战略规划，再由一线员工执行。这种制定年度战略规划的方式不仅整体效率差，而且技术、运营团队、商务、产品等都是分割开的，各做各的规划，各自为政。

淘宝的用户增长项目的年度战略规划摒弃了传统的方式，采取了新的模式，将产品、技术、运营职能的壁垒打破，按用户阶段分成拉新、活跃、流失用户等维度成立了数个虚拟项目组，让团队自己去规划在新的一年该去做什么，该制定怎样的目标。然后公司会组织两次评审会，请内外部专家评审每个小组的方案，将情况反馈给各个小组，并进行评比打分。这样一来，有助于促进整个团队的积极性，会产生更多的创意与亮点，同时有利于唤醒大家的主人翁意识，不再是一个简单的执行者。

（四）月度需求管控

之前用户增长各自分散的部门、活动，产品需求十分零散，令技术团队很苦恼，开发资源无法协调优先级，现在团队制订了明确的计划与评审机制。

1. 需求收集与MRD（Market Requirement Document，市场需求文档）撰写

每个月的1号到15号，PD（Product Design，产品设计）产品经理都必须撰写好产品或者项目MRD、PRD（Product Requirement Document，产品需求文档），说明业务价值与需求。

2. 需求评审

需求评审要经过两轮，第一轮需求评审，所有的产品经理和产品主管共同做产品内审，确保将所有的需求都想清楚，并对齐优先级与战略方向；第二轮需求评审，会汇集用户增长的主管、运营、产品、技术团队成员，大家一起来确定要做的事情以及资源匹配问题。

在这个过程中，大家有一个开放的讨论空间，确定什么能做，什么不能做，从而将淘宝用户增长需求节奏变得可控，这样一来，就可以按照固定节奏，快速落地输出价值，实现效益最大化。

（五）总裁双周会

规划做好后，项目就要开始落地执行，在执行过程中要做好向上管理，建立了双周会信息同步机制，即总裁双周会，定期向总裁对焦进展，在此过程中一定要重视数据，因为每次决策都是依靠AB测试的数据来制定的。总裁双周会的议程是提前设计好的，包括重要项目的进展情况汇报、计划与风险。通过这样的方式，可以使原本独立的部门，加强了沟通与合作，更有利于项目工作的推进。

解读娃哈哈营销渠道的"非常"之处

美国经济学教授菲利普·科特勒认为，在产品与市场竞争高度同质化的当下，唯有"传播"和"渠道"才能创造真正差异化的竞争优势。因此，对企业而言，营销渠道管理就显得尤为重要。从最初的校办工厂到如今的世界第五大饮料生产商，娃哈哈缔造了中国民营企业的神话，它的成功与渠道管理能力密不可分。那么，娃哈哈的营销渠道结构是怎样的呢？

（一）娃哈哈营销模式的三个阶段

纵观娃哈哈的发展历程，它的营销模式经历了三个不同的发展阶段。

第一个阶段，娃哈哈与国有糖酒批发公司及下属的二、三级批发站合作，借用其现有的渠道进行推广，迅速抢占先机。

第二个阶段，20世纪90年代中期，沿海省份农贸市场兴起，个体私营批发商的出现严重打击了国营糖酒公司的原有渠道。娃哈哈顺势而为，与各地市场的大户联手，建立起了灵活的市场网络，正是数以万计的大小经销商，使娃哈哈的产品渗透到了每个角落。

第三个阶段，1996年前后，我国保健品、饮料市场的繁荣，使越来越多的民营企业开始仿效娃哈哈，向农贸和专业市场进军，让娃哈哈遭遇了挑战。于是，娃哈哈开始退出农贸市场，开始编织"联销体"网络。

（二）娃哈哈在渠道管理上的创新

娃哈哈在渠道管理上的创新主要体现在两个方面：一方面是建立信用管理体系；另一方面是编织"联销体"网络。

1. 建立信用管理体系

娃哈哈在创业初期，借助国营糖酒、副食、医药批发公司等占据了渠道统治地位，那时消费者缺乏品牌意识，对广告十分信任，娃哈哈利用渠道优势，通过大量广告让消费者认识并记住了娃哈哈，获得了较大的市场占有率，积累了一定的品牌知名度。

为了进一步扩大市场，20世纪90年代中期，娃哈哈建立信用管理体系，获得了经销商和消费者的认可。该体系的核心是保证金制度。经销商按年度向娃哈哈缴纳一定的金额保证金，在经营过程中采取"一进一结"的方式，娃哈哈则通过优惠政策和高于同期银行的利息作为回报。

之所以会推出信用管理体系，与当时的市场环境有关。那时个体批发商逐渐发展起来，市场竞争大，并且缺乏一定的市场管理机制，导致营销风险大大增加，其中现金流的管理是最麻烦的事情。分销系统中的现金流问题取决于渠道成员的信用管理，在这个时候娃哈哈推出信用管理体系，是非常英明的举措。

为了促进信用管理体系的推行，娃哈哈采取了"一蹬一拉"的策略。首先，因初期娃哈哈的品牌知名度和美誉度的积累，使品牌处于强势地位，并且娃哈哈的产品在同行业中属于龙头产品，因此娃哈哈在市场上确立了不可超越的品牌形象。其次，当时批发商的很多资金处于闲置状态，娃哈哈给予商家高于同期银行的利息政策，吸引了经销商，有效地帮助娃哈哈扩大了市场版图。

2. 编织"联销体"网络

"联销体"模式的核心内容为逐级保障利润空间，让经销商为企业织网。娃哈哈的营销组织结构为：总部—各省区分公司—特约一级批发商—特约二级批发商—二级批发商—三级批发商—零售终端。

"联销体"的运作模式是这样的：每年年初，特约一级批发商根据自己经销额的大小给娃哈哈预付一笔款项，从娃哈哈那里获得一定的利息，每次提货前，结清上一次的货款。特约一级批发商可以在自己的势力区域发展特约二级批发商和二级批发商，两者的区别在于特约二级批发商可以将一笔预付款打给特约一级批发商，从而获得更优惠的政策。娃哈哈会确保在一定区域内只发展一家特约一级批发商，公司会派出销售经理和理货员指导经销商工作。

娃哈哈在全国31个省市选择了1000多家经济实力强、忠诚度高、渠道广的经销商，构建了能覆盖每一个乡镇的厂商联合销售体系，形成了庞大的销售网络。除了保证金制度外，在推动"联销体"模式过程中，娃哈哈还采取了多种操作方式。

如销售区域责任制，娃哈哈会根据每个经销商的能力，明确销售区域，对区域内的价格控制、铺货率以及促销活动等都进行明确规定，若无法达成目标，就将被淘汰；娃哈哈对每一级经销商都限定了价格，确保体系内全部成员的利益；娃哈哈新推出的产品，如果经销商已经尽力开拓市场了，但依然在三个月内没有完成预定的销售目标，娃哈哈会负责收回货品或者换货，并对经销商给予一定的补偿；娃哈哈给每一家经销商委派一名销售人员，销售人员要对经销商的业绩负责，并且经销商也要对销售人员进行监督，每个月向总部反馈销售人员的情况；娃哈哈设立独立的督导部门，对经销商和分公司进行市场督导和维护。

"联销体"模式之所以能够成功，一是联体制和保证金制度将娃哈哈与批发商的利益进行捆绑，有效地杜绝了呆账、坏账，使娃哈哈的资产结构更合理、流动性更强，同时也提高了经销商的积极性，使一家企业面对市场竞争的局面变成了上千家企业合力与同行竞争；二是产品具有高额的利润空间，从而确保了逐级利润保障制度的实施；三是建立了稳定有序的共享网络，娃哈哈通过建立特约二级批发商营销网络，编织了蜘蛛网态的营销体系，既加强了娃哈哈产品的渗透能力，又提高了经销商对市场的控制力，从而实现了布局合理、深度分销、顺价销售、提高服务意识以及控制窜货的目标。

如今，娃哈哈的营销网络能够确保在新品推出后一个星期之内迅速补进全国60万家零售店，这是其他品牌商难以做到的，可见娃哈哈渠道营销的厉害之处。

佳贝艾特奥运期间亮出全链路营销连环招

佳贝艾特是源自荷兰海普诺凯乳业集团的自有品牌，是世界上较早推出婴幼儿羊奶粉的品牌，是羊奶粉市场的"领导者"，旗下主要的产品有新鲜羊奶、婴幼儿配方羊奶粉、羊乳酪、羊酸奶、妈妈羊奶粉。

佳贝艾特进入我国市场之后，逐渐被宝妈们认可，一方面是因为佳贝艾特的产品足够优质，另一方面也与佳贝艾特成功的全链路营销策略密切相关。那么，佳贝艾特都采取了哪些全链路营销手段呢？

（一）奥运会期间，借势营销

2021年7月第32届2020东京奥运会召开期间，因为奥运会是网民们热议的话题，受关注程度非常高，佳贝艾特便抓住机会借势营销。东京奥运会期间，在长沙地铁站里可以看到很多澳优以及旗下羊奶粉品牌佳贝艾特的身影，还有网友在乘坐地铁4号线时，赶上了澳优冠军专列，如图10-2所示，网友对此很惊喜，拍照打卡发朋友圈，用这种别致的方式为我国的运动健儿们加油助威。

以上就是澳优以及佳贝艾特在奥运期间进行营销推广活动的部分环节，也是佳贝艾特提升品牌影响力的一个很好的展示平台。近年来，佳贝艾特在线上线下的营销推广活动全面开花，形式多种多样，非常亮眼，形成了一条覆盖全渠道、多场景精准触达母婴群体的营销链路。

图10-2　地铁4号线澳优冠军专列

（二）聚焦内容营销

如今，很多婴幼儿奶粉品牌都会采取内容营销的方式进行"种草"，一方面有利于给消费者提供有价值的内容，比如挑选奶粉的技巧、冲泡奶粉的方法等，深受用户的喜爱；另一方面有利于品牌的宣传推广，实现有效转化。

腾讯营销洞察联合明略科技发布的《2020母婴行业内容营销白皮书》显示："综艺、电视剧内容植入已成为母婴人群认知婴幼儿奶粉品牌TOP3渠道，有67%的人对综艺、电视剧合作形式表示同意或非常同意，84%的母婴人群观看长视频首选电视剧。"

由此可见，内容营销已经成为母婴群体认知婴幼儿奶粉品牌的重要渠道之一，内容营销的平台在选择上以电视剧和综艺节目为主，这也是母婴人群最喜欢看的长视频内容。

为了让所推广消息更好地触达母婴群体，佳贝艾特在综艺节目和电视剧中表现得十分活跃。2020年，综艺节目《乘风破浪的姐姐》在开播前就已经"火速出圈"（迅速走红），引发了全民的关注。佳贝艾特携手《乘风破浪的姐姐》，通过绑定多名明星的深度合作，进行丰富场景的植入，使"佳贝艾特""明星同款""羊奶领军者""营养好吸收"等一些关键词深入人心。

除了在媒介端融合《乘风破浪的姐姐》发力外，在线上传播端，佳贝艾特布局了六大流量阵地，分别是小红书、百度、知乎、微博、抖音、微信。通过明星和KOL们的推介，对消费者进行多维度的羊奶认知教育，并积极与消费者深入互动，吸引潜在用户的关注。

在线上推广取得可喜成绩后，佳贝艾特继续在线下扩大战果，在湖北、重庆、江西、山东、贵州等上千家门店营造节目广宣氛围，完成了近270场试饮活动；包装150多场蓝旋风节目应援车，开展了20多场"乘风破浪的MAMA班"活动，以及线下嘉年华活动，以便配合节目营造"明星姐姐同款好羊奶"的销售氛围，广泛触达消费者。

2021年，佳贝艾特的营销推广活动依然火热，年初独家冠名了《戏剧新生活》，这是国内首档戏剧综艺节目，赢得了不错的口碑。随后，佳贝艾特又在一系列热播剧中深度植入，如《小舍得》《赘婿》《叛逆者》《陪你一起长大》等，并邀请知名影视明星为品牌背书，如宋轶、梅婷、颖儿、朱珠、李佳航等，通过多样的展现形式和沉浸式沟通，进一步提升消费者对佳贝艾特品牌的认知度和好感度，扩大品牌影响力。

（三）佳贝艾特联合乐友举办"佳贝爱TA奔奔冠军运动会"吉尼斯挑战赛

线下渠道作为母婴消费的主阵地，也是佳贝艾特重点布局的关键。

2021年7月，佳贝艾特与母婴用品零售企业乐友强强联合，选择在北京、沈阳、青岛、西安、成都、廊坊、石家庄、天津、上海、武汉十座城市，携手上千家亲子家庭同步开启了"佳贝爱TA 奔奔冠军运动会"吉尼斯挑战赛。

在"奔奔冠军运动会"活动现场，设置了门球、篮球、足球等游乐赛事，还设置了月龄宝宝也能参与的爬爬赛活动，以满足不同年龄段宝宝的需求。在活动中还设置了互动节目表演、盲盒抽奖、营养加油站等环节，充分调动了家长们的参与热情，进一步提升互动体验。

为了使不同渠道的门店不会因场地限制而影响活动体验，佳贝艾特采取了个性化的解决方案，打造了300平方米的路演规模、120平方米的中型规模，以及30平方米的小型规模，让每个门店都能确保活动顺利开展。

"奔奔冠军运动会"活动推出后，获得了亲子家庭和渠道的认可，这次活动覆盖了30个省（自治区、直辖市），共200个城市，参加亲子活动的家庭超过了30万户，此次活动不仅聚拢了忠实及潜在用户，沉淀了品牌口碑，也促进了门店动销，可谓一举多得。

经过一系列的宣传推广，佳贝艾特羊奶粉凭借"好消化、易吸收、低致敏"的特点，形成了从过敏宝宝的首选到高端人群的必选，再到一家人的优选的完美链条。佳贝艾特深耕羊奶品类，推出了全年龄段羊奶粉产品，能够满足全家人的营养需求，成为优质羊奶粉的代名词。

欧赛斯的整合数字营销及转化大策略

欧赛斯是一家数字化品牌战略咨询公司，主要为用户提供战略咨询、品牌培训、全案策划、数字营销全案等服务，这是一家充满创新气息的公司。早在公司创立之初，就看清了数字化时代底层逻辑的改变，预先判定我国未来50年新经济形势下的品牌发展和数字化营销的浪潮，率先将技术思维融入品牌发展中来。下面，就让我们来学习一下欧赛斯整合数字营销转化大策略。

欧赛斯将整合数字营销分为五个重要的节点，第一个节点为卡位，对应的是资源；第二个节点为吸引，对应的是价值；第三个节点是引爆，对应的是事件；第四个节点是认可，对应的是广告；第五个节点为转化，对应的是客户，如图10-3所示。

欧塞斯的整合数字营销在起到品牌宣传作用的同时，要完成品牌的转化，即实现品效合一，这是整合营销的重要指导思想。在信息大爆炸时代，消费者每天都会接触到大量的各类品牌宣传推广信息，所以，要让消费者记住一个品牌很难。如果企业传递出来的信息是分散的，那么，消费

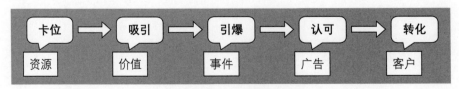

图10-3 欧赛斯数字营销五个节点

者就更不可能记住品牌的信息了。因此，整合数字营销必须做好以上五个重要节点。

（一）卡位

什么是卡位呢？简单地说，就是消费者在哪里，品牌就应该出现在哪里。这句话说起来容易做起来难，要真正做到这一点，要求我们对时代有一个非常好的洞察力。

近年来，媒体平台的迭代速度非常快。2009年8月，新浪网推出了"新浪微博"内测版，成为门户网站中第一家提供微博服务的网站。微博自此开始兴起，很多人开始写微博，微博用户人数增长非常快，不少商家也将其作为营销的阵地。

2011年1月，腾讯公司推出通信软件微信，虽然其只有简单的通信功能，却随着"朋友圈"的推出，使得微信用户的增长势不可挡，从0到1亿用户耗时14个月，从1亿用户到2亿用户的增长用了6个月，从2亿用户到3亿用户只用时4个月。到了2013年，微信实现了普及。随后微信更新到5.0版本，新增了表情商店、银行卡绑定、游戏中心等内容，微信正式进军移动电商。

当下最火的媒体平台是什么呢？毫无疑问是快手和抖音，短视频平台成了当下最受人欢迎的媒体平台。我们的卡位就是要占领最受人欢迎、最火爆的媒体平台，如微博、微信、抖音、快手等，将其作为我们营销的主要工具。

（二）吸引

占领卡位只是第一步，我们已经找到了消费者在哪里，接着我们需要吸引消费者。因为吸引对应的是价值，我们要吸引用户，就必须要给用户提供有价值的内容，因为消费者愿意为优质的内容买单。而且，优质的内容不仅能传递品牌价值主张，还能为品牌的营销提供助力。

如果大家仔细观察，就会发现很多企业在运营公众号的时候，并不是单纯地发布企业的营销推广信息，还包括一些对用户有价值的内容。比如，健身器材公司在宣传推广的时候，会发布一些如何减肥，如何科学饮食，如何瘦肚子、瘦腰等方法和技巧，这是用户非常愿意接受的信息。

（三）爆发

实现整合数字营销不是一朝一夕的事情，是一个长期工程，需要我们持久发力，但同时也可以有一个短期的爆发，事件营销就是短期爆发的一个重要方式。虽然事件营销是一个非常不错的营销手段，但前提是要在好的方法论的指导下，才能大大提升事件营销的成功率。

大家还记得这样一段话吗？"你只闻到我的香水，却没看到我的汗水；你否定我的现在，我决定我的未来；你可以轻视，我们的年轻，我们会证明这是谁的时代。梦想是注定孤独的，旅行路上少不了质疑和嘲笑，但那又怎样？哪怕遍体鳞伤，也要活得漂亮，我是陈欧，我为自己代言。"

这就是网络上著名的"陈欧体"事件，主角陈欧通过一段朗朗上口、通俗易懂的文字吸引了众人，上演了一场普通人逆袭的戏码，随后引发了大量网友的模仿，出现了各种版本的"陈欧体"，使陈欧和聚美优品的曝光率大大增加。

虽然事件营销具有很强的爆发力，但很难长期持续下去，因此事件营销必须与持久的内容营销相结合。也就是说，既要做长期的内容营销，同时也要在某个阶段做一次事件营销。

（四）认可

经过内容营销和事件营销后，消费者对我们的产品和品牌已经有了一个非常好的印象，接下来，我们就要进行转化。在做转化之前，我们要找到一个精准的目标对象，将最好的一个产品的促销信息推送给目标对象，以形成转化。

现在很多媒体平台都在用对用户进行筛选的功能。比如，你是今日头条的创作者，可以在后台看到你的用户的一些画像，包括性别、年龄、分布地域、机型价格分布、偏好等，通过这些信息，我们就能筛选出最符合品牌调性的消费者，然后向这类人群推送广告，就能大大提高转化率。朋友圈、今日头条的信息流广告、电梯媒体等都是不错的媒体广告形式。

（五）转化

转化，就是要影响客户，让他们变成我们的一个长期客户，这就需要我们深耕单客价值，打造超级用户。所谓深耕单客价值，就是让用户成为我们重视的粉丝，使他们不断地来购买产品和服务，并义务成为我们的宣传员，去宣传我们的产品与服务，这样的用户就是我们的超级用户。

要打造超级用户，就需要我们打造私域流量，即从公域流量中引流到我们的微信公众号、微信群、QQ群等私域流量。私域流量的用户都是比较精准的用户，好好经营私域流量，不仅能为我们创造经济价值，在宣传推广方面，他们也起着重要的作用，他们是口碑宣传的有生力量。

后 记

"今年过年不收礼啊，收礼只收脑白金""恒源祥，羊羊羊"……这些耳熟能详的广告语似乎还在耳边回响，但随着移动互联网的发展，信息碎片化已经成为趋势，那些曾经红遍大江南北的广告势必会被碾压在历史的车轮之下。

整合营销的衰落并非偶然，而是社会传播环境发生变化的必然结果。同样，全链路营销的兴起，也是当下社会传播环境衍生出来的必然产物。互联网、移动互联网飞速发展，传统媒体的权力被解构，世界的媒介格局变得越来越碎片化，这给了全链路营销适合生存的土壤。

若把营销比作花儿，那么，社会传播环境就是土壤，脱离土壤的花儿无法绽放，脱离了社会传播环境，谈营销将无的放矢。在激烈的市场竞争中，企业需要对市场变化做出快速反应，所以，只有建立以市场为导向的运营机制，才能让企业在竞争中脱颖而出，这就要求企业一定要善于把握时代脉搏，在新旧营销方式交替的时代，具有高瞻远瞩的思维意识，与时俱进，变化营销方式。

未来，全链路营销会走向何方，是否会被一种全新的营销方式所取代呢？时间会告诉我们答案。但是，不管营销方式怎样变化，我们唯一能做的是先人一步感知到变化，并积极地去适应它，只有这样，我们才能占领先机，高人一筹。